Бане Јовановић
ПЕРА ТОДОРОВИЋ
трагом креманских пророка

Уредник
НОВИЦА ТАДИЋ

Рецензент
ВИТОМИР ТЕОФИЛОВИЋ

БАНЕ ЈОВАНОВИЋ

ПЕРА ТОДОРОВИЋ

ТРАГОМ КРЕМАНСКИХ ПРОРОКА

РАД

„ШТА ХОЋЕ ЈОШ ОД МЕНЕ?"

За нанете му увреде, Пера Тодоровић је налазио утеху говорећи: „Време, буди ми сведок", а за срећне исходе мислио је да треба да захвали што се родио на Спасовдан, који је те 1852. године био баш 2. маја.

Животна свећа догорела му је 7. октобра 1907. године, три дана после пикника, који је код „Господарске механе" у Београду приредио један винарски трговац и народни посланик, а на који је Пера дошао из болесничке постеље, под температуром.

Између ова два судбинска прста, одвијао се узбудљив и драматичан живот једног од највећих српских новинара на размеђи два века: живот романсијера, политичара и надасве полемичара – а о том животу сам ја написао у првом броју *Огледала,* с јесени 1903. године:

„Мој живот био је врло буран и променљив. Пун борбе и потреса, пун мука и опасности, где је често и сама глава о кончићу висила."

Прилежни хроничар открива да је Пера Тодоровић, жањући многе буре, преко главе претурио: две буне и један рат, четири године изгнанства и више од 20 хапшења, осуде на 27 година робије (одробијао 5 година, 7 месеци и 10 дана), осуду на смрт, па помиловање, а да је успут, скоро до смрти, уређивао десетак листова и часописа, што у земљи, што као изгнаник. Све то само за 55 година живота, стигавши да напише најбољу ратну хронику (*Дневник једног добровољца,* 1876), најбољи историјски роман (*Смрт Карађорђева*, 1891) и најбољу књижевну репортажу (*Хајдучија*, 1887). Да буде међу оснивачима Радикалне странке, од које ће потом доживети највећа прогањања, да буде миљеник три српска владара, да би и од њих доживео понижења и да би, при свему томе, опседнут опаком болешћу, спас потражио у морфијуму који је тада служио као лек против болова, од којег се затим лавовски бранио да не постане зависник, знајући за све опасности које собом носи узимање наркотика.

Но, после свега, већ на заласку, Пера Тодоровић је осетио потребу да, махом аутобиографским записима, у сто свезака *Огледала* (1903/1904), још једном пише за савременог читаоца, али и за будућег. За историју.

У својој последњој преписици са читаоцем *Огледала,* он открива зашто је најзад тамницу заменио прогонством:

„Мени је, драги пријатељу, већ поравнало педесет и две године! Па ћеш дозволити и сам да се у овим годинама не иде тако лако у хапсану. Некада сам ја решења о хапшењу примао као позивницу за бал. Али, где је сада она младост и снага? Она вера и оно надахнуће? А после, драги пријане, ако је за вајду, од мене је доста било хапшења и тамновања! У целој Србији нема човека који је као новинар и политичар толико хапшен и гоњен. А нисам ни ја од челика...“

А на питање: Шта хоће још од мене? – Пера Тодоровић, пошто је указао на „разуздану дерлад политичку“ која се „башкаре“ по *Самоуправи* (званично гласило радикала, чији је оснивач и први уредник био Тодоровић) и срамоте је; у *Огледалу* износи чињенице о себи, у напису „Карађорђевац – Обреновићевац“, па пише:

„Ти си Карађорђевац!

Те су речи биле страшне и опасне пуних 45 година! – све од 1858, па до 29. маја ове (1903) године.

Од 29. маја ствар се изврнула. Сад постаје опасно кад се коме рекне: „Ти си Обреновићевац!“

А како је баш ту чудна судбина моја!

Тридесет пуних година морао сам се бранити и зубима и ноктима да нисам Карађорђевац. Неколико пута умало што нисам главом платио, једино с тога, што су Обреновићи мислили да сам потајни и скривени Карађорђевац. Али, Обреновићи падају 29. маја, а на престо српски долази Карађорђевић.

И гле! Међу првим жртвама које падају – ту сам ја! Гоне ме, злостављају и умало што нисам главом платио! Зашто?

Зато, што ме сад опет сматрају да сам потајни Обреновићевац!

Па шта сам ја управо?

Збиља, јесам ли Карађорђевац или Обреновићевац?

Да видимо прво *дела,* па ћемо после на основу *чињеница мудровати".*

Пера Тодоровић је целог свог живота чинио остављајући за собом препознатљив траг бескомпромисног истинољупца.

Прва свеска *Огледала,* са поднасловом „Зраке из прошлости", изашла је 19. октобра 1903. године, да би већ друга и трећа свеска биле судски забрањене са мотивацијом: увреда владара. У њима је објављен „Последњи разговор са краљем Александром Обреновићем", а то се није свидело новом владару Петру Карађорђевићу, који је дошао на српски престо после Мајског преврата 1903. године.

Обраћајући се читаоцу у уводном тексту првог броја *Огледала,* Пера Тодоровић, између осталог, пише:

„Из дуге и променљиве бурне прошлости има много ствари које се не знају, а треба да се знају и биће корисно да се знају. Тако исто има ствари за које се нешто начуло, али погрешно и извpнуто; као што има и ствари, које су се некад знале, па се после заборавиле. Све то треба да се зна! У *Огледалу,* дакле, огледаће се мој јавни рад из прошлости и сви они многи, а често и чудни догађаји и пригоде, које сам за ово тријестак година преко главе претурио. С тим у вези, наравно, ту ће се огледати и сва наша и ближа и даља друштвена и политичка прошлост, са свим својим лепим и ружним, добрим и злим странама, управо онаква каква је била у истини и како сам је ја познао и у њој суделовао...“

А на крају те прве свеске, даје се читатељству на знање:

„У Огледалу огледаће се и људи и догађаји онакви какви су. Али, баш с тога, многима ће бити криво на Огледало. Биће, дакле, критике, нападаја, вике, па и просте грдње и клевете. На разложну критику, одговараћемо критиком и разлогом, а на празне грдње и ружења нећемо се ни освртати, имајући на уму мудру арапску изреку: 'Кад би човек застајао, да се каменом баци на свакога пса, који за њим лаје, никад не би стигао куд је пошао'.“

Пера Тодоровић је лоше прошао у животу, па му је лоше ишло и после смрти. Каквим све блатом није био ваљан. Најразличитије личне мржње и пакости обијале су му се о главу за живота, као што су пратиле и његову посмртну успомену. Чак и они који су му се некада дивили и клањали и који су му много дуговали, ружили су га и за живота и после смрти, иако се знало да је он био један од највећих говорника и политичких организатора деветнаестог века, највећи политички полемичар у Србији и зачетник модерног српског новинарства на размеђи два века.

А можда је Пера Тодоровић све то морао да доживи и преживи баш зато што је био такав. Сам је, свестан свега, говорио: „Време, буди ми сведок“. И то време, сваким даном, све га више нама приближава.

Због свега, трудили смо се и овом приликом да задржимо аутентичност или, због савременог читаоца, дух језика којим се говорило и којим се у писању служио Пера Тодоровић.

МАТЕЈА

Откад је мирни човек „померене памети", по имену Матеја, из села Кремне у ужичкој чаршији, „видео" смрт књаза Михаила Обреновића у Кошутњаку, до часа када је Пера Тодоровић то записао у својим *Малим Новинама*, протекле су 34 године.

Тог 28. маја 1868. године, Матеја је пред светином у ужичкој чаршији завапио из гласа:

„Хај... људи! Браћо! Не дајте, ако Бога знате, убише нам владаоца' убише нам књаза! Не дајте... не дајте, за Бога... Ето га секу, ено га свега јатаганима искасапише! Гле како крв тече! Ух, ала је страшно! Крв... крв. Тешко нама! Куку нама! Погибе нам књаз Михаило!"

Људи се искупили око Матеје. Питају што се дере. Он вели како види да убијају књаза.

Дошли жандарми. Ухапсили Матеју. Опорочавао владаоца. Кад, сутрадан, из Београда стигоше црни гласи – књаз Михаило, тога дана, 29. маја, убијен у Кошутњаку.

Матеја „видео" убиство дан раније!

Испрва посумњају да је Матеја у каквој завери против књаза, а онда се увере да то не може бити. Пусте Матеју из затвора.

Али пре тога, на саслушању, Матеја прорекао још много више.

Матејина видовитост изазва посебну пажњу, па га после извесног времена поведу у Београд на саслушање.

Све што је тада рекао остало је записано и похрањено у Министарству унутрашњих послова.

Ко је човек који је после хапшења у ужичкој чаршији рекао да се зове Матеја?

Главом кремански пророк Митар Тарабић, који се није лажно представио властима. Име Матеја добио је на дан свог рођења, када су се још некрштена деца поливала светом водицом. Тако је записано у црквеним књигама, а и он је волео за себе да каже да је „обичан божји раб Матеја".

Тако га је у свом запису назвао и Пера Тодоровић, који је, стицајем околности, оног кобног дана у Кошутњаку био један од последњих који је књаза Михаила видео живог.

Како се то збило, Тодоровић је записао у свом *Огледалу* (1903. године):

„Те среде, 29. маја 1868. године, као ђак петог разреда гимназије, отишао сам у Топчидер с једном мојом рођаком, тетка Персом, код које сам био на стану. Шврљали смо тако по Кошутњаку, кад најдаред довезоше се нека двоја-троја кола и из њих изађоше Кнез Михаило и још неки људи и женске. Они се упутише горе уз брдо, у шуму, а ми пођемо полако за њима, али нас жандарм одби и ми седнемо ту под једну липу.

Најдаред, отуда из шуме, зачу се некаква пуцњава пушака, а мало после протрчаше туда некакви људи, вичући:

„Убише Књаза!... Убише Књаза!...

Моја тетка Перса, преплашена, окрете да бежи из Кошутњака. Ја, напротив, потрчим тамо у шуму да видим шта је.

Јавише се још неки људи, а после мало и неки жандарми, који су нас растеривали одатле. Ипак, ја се провучем кроз шуму и на двадесетак корака пред собом видео сам на једном пропланку где лежи сав крвав кнез Михаило, а од њега се отегла велика бара крви. Ту до њега лежала је на земљи још једна женска (његова сестра Анка), такође сва у крви. Подаље, напред на путањи, видео сам једног официра, руку везао белом марамом, кроз коју је просанула крв. Од грађана упамтио сам ту Тому Лецедера, крупна човека, у белим панталонама од „шегелтуха", које су биле све крваве. Чини ми се да је он покушао да подигне исечена кнеза Михаила и да га изнесе из крви, па се тако и сам окрвавио.

На скоро затим дођоше повише жандарма и војника, те брзо растераше нас неколико, што смо се ту били скупили."

МИЛОШ И МИТАР

Под чудним и чудесним креманским небом многи Кременци су прорицали дан своје смрти. То је, готово, био обичај.

Али, мало ко се усудио да прорекне дан смрти другима.

По томе се кремански пророци Тарабићи, Милош (рођен 1809) и Митар (рођен 1829), стриц и синовац, разликују од осталих Кременаца.

А ко је у стању да другима прорекне „судњи дан", сигурно може да види и више и даље од тога.

Милош и Митар се наизглед нису разликовали од својих суграђана, простих сељака. И један и други прорекли су и дан своје смрти.

Милош Тарабић је то учинио још у младости и рекао мајци:

„Чујеш ли ти, мајко... Немој ме ћерати да се женим! Ја се женити нећу. Када будем навршио четрдесет пет година живота, ондакар ћеш ме укопати, а женити ме никада нећеш."

Умро је на свој рођендан, 6. фебруара 1854. године, кад је навршио четрдесет пет година.

Његов синовац Митар такође је прорекао своју смрт и умро у „заказани час". О томе је остало у запису кременског проте Захарија Захарића, кума кременских пророка:

„То је било у мају 1898. љета господњег каде се код мене затече Митар, те смо се тога дана сјетили свијех онијех догађаја што су се дотле обистинили, те Митру бејаше мило што га ја через тога посебно цијеним и што му вјерујем. Он ми ондај рече:

– У почетку ми нијеси вјеровао, а сад ево и сам видиш како се све оно што сам ти казивао обистинило.

И немадох куд, те му признадох да никада није омануо.

Пошље дуга разговора пођем ја ш њим да га испратим.

Кад бијасмо више Ручића куће, мене нешто сијевну у кољенима и око срца, те поведосмо разговор о здрављу. Речем ја њему како му завидим на крепости, а он, нако чио, поче да се смије па ми рече да се за болове у кољенима и око срца ништа не секирам, јербо нема смрти без суђена дана.

Сутрадан одох до села. Ручах у Мољковићима те се око четири сахата упутим кући. Чим дођох, каде тамо затекох куму, Митрову жену.

Видим да је нешто забринута и да с нестрпљењем чека мој долазак. Питам како су са здрављем и да неко може бити није болестан, а она ми одговори да су сви, Богу хвала, здраво и добро.

Ондак ја запитам што је тако снуждена, те ће ми кума на то рећи да је таква због Митра, јербо је он наумио да „данаске умре...“

– Како да мре? – упитах – кад је здрав ко дрен?

– Не знам, само ми је рекао да данаске треба да мре, јербо му је тако казато. Отпратио ме теби да дођеш код њега да га исповједиш и да га опојеш.

Мене ово заинтересова те поново ускочим на коња и тако се са својом кумом нађох у Тарабићима.

Када тамо стигосмо, опазим ја Митра како коси траву испред куће, а сви се Тарабићи окупили око њега те га погледају као неко чудо. Чим ме видеше, окупише се око мене па ми, скоро шапатом, рекоше да је Митар, Боже прости, полудио, јербо свима њима прича како ће данаске умријети.

Ја се изненадим те у први мах помислим да је, одиста, поманито каде вако здрав може да говори о својој смрти. Кад ме угледа, стаде пред мене, па ми рече:

– Нијесам ја, куме, ни манит ни чакараст. Ништа немој да се чудиш, јербо је мени суђено да данаске мрем. Зато сам те и звао да дођеш да ме исповједиш и да ме опојеш, да на онај свијет не идем грешан.

На то му одговорим да га исповедити могу, али да живог човјека опојати не могу, а он ће ми тада казати:

– Куме, у животу те ни за шта нијесам молио, сем за ово за које те сад ево молим. Није гријех, мој куме Зарија, опојати жива чоека кад је тај чоек споразуман с Богом и каде му је она сила рекла да му ваља мријети... Ништа ти, куме Зарија, због тога нећеш увриједити Бога.

Изненадих се кад чух да Митар потпуно трезан и паметан вако говори, те немадох куд, него га прво исповједих, а потом опојах.

За вријеме опојања он, иза куће, као да је мртав, леже на голу земљу, те тако ја заврших и тај свети чин.

Већ сунце бијаше залазило па ми ваља полазити кући. Све то вријеме Митар би са мном. Весео и здрав, а ја намјерно не хтедох да га питам о смрти, повјеровавши да је се о томе сам нешто пребацио и превидјео.

Са свима се руковах, те, ко обично, и Митру пружих руку, кад ме он, изненада, загрли и пољуби у оба образа. Примјетих да му у оку искре сузе. Потом појахах коња и пођох касом преко ливаде.

Окренух се и спазих како на крају ограде од њиховијех кућа стоји Митар и како ми маше руком. Тако ми се, може бити, учињело, он тада изгледаше некако сјетно и радосно у исти мах.

Тек што бијах дојахао до Главичица, каде ме у галопу сустиже Митров синовац, млади Милан, и рече да је Митар, из чиста мира, умро, пошље четврт сахата од мога одласка из Тарабића.“

Тако је записао прота Захарије Захарић, а тај запис је унет и у књигу „Кременско пророчанство“ (БИГЗ, 1989).

14

Милош и Митар прорицали су судбоносне догађаје за свог готово једног века, а прорекли су их и до дубоко у будућност.

Милош је, проричући, „видео" будућа догађања, а Митру је о будућим збивањима било „казато". Сам је казивао да је будућност „кроз њега" у ствари пророковао његов већ умрли стриц Милош Тарабић, обично долазећи му у сан.

* * *

Између осталог, Милош Тарабић је прорекао:

Ступање на престо кнеза Михаила Обреновића, 1860. године, и његову смрт – убијен у Кошутњаку 1868. године;

Краљевање младога Милана Обреновића и његову женидбу руском племкињом Наталијом Кешко. Кнез Милан је прогласио Србију краљевином, 1882. године;

Владавину Милановог сина, краља Александра и његову женидбу „грађанком" Драгом Машин, као и њихову погибију и довођење Карађорђевог унука Петра на престо Србије. Краља Милана наследи његов јединац син, Александар Обреновић, који оста без наследника и којег, заједно са његовом женом, краљицом Драгом, убише његови официри, 29. маја 1903. године. После Мајског преврата, на престо Србије 1903. године поново су дошли Карађорђевићи, најпре краљ Петар I, син кнеза Александра Карађорђевића, који је из Србије протеран 22. децембра 1858. године и чије је прогонство и враћање на престо старог књаза Милоша, кремански видовњак такође прорекао.

Митар Тарабић је, поред осталог, дан раније, 28. маја, у Ужицу „видео" убиство кнеза Михаила у Кошутњаку, које се догодило сутрадан, 29. маја 1868. године.

ОМРАЗЕ

Пера Тодоровић је 3. сейшембра 1893. године, у својим Малим Новинама *йисао о исйашшањима народа срйског због омраза две динасшичке куће – Обреновића и Карађорђевића.*

Између куће Обреновића и Карађорђевића изодавна је завргнута несретна и проклета борба, која је ову напаћену земљу стала тешких јада и задала јој много дубоких рана.

Близу 80 година питомом Шумадијом одјекују убојити крици и осветничке лозинке заваћених и закрвављених странака. Све буне које су потресале и слабиле нашу младу државу, од њена постанка па до данас, добијале су свој квасац поглавито од ових кобних династичких завада. Са тих раздора прогнато је три кнеза; са тих су пале две скупоцене жртве и проливена крв два највећа родољуба српска, два велика човека којима се цело Српство поносило – Карађорђа и кнеза Михаила...

Борба је била дуга и очајна, а када је једној страни испадало за руком да надјача и силом да потчини другу страну, онда су победнички ударци неумитно падали и на криве и на праве, а у потаји се чуо шкргут зуба и у тами су коване завере и спремане осветничке побуне.

Ако се ова борба и стишавала за неко време, први јачи потрес у земљи опет ју је будио, и подмукли властољупци хитали су да страсти распире, да сумње продубе, да мржње и освете раздраже и расплоде, како би у мутној води лакше ловили и јаде отаџбине обртали на своју личну корист.

А мрачни назадњаци и бесвесни интриганти своје грешне смерове вазда су заогртали плаштом лажне династичности; и под изговором да гоне противнике престола, давили су вампирски сваку слободну мисао, и стотинама жртава падало је под њиховим свирепим ударцима.

Тако потхрањивана, ова злокобна борба непрекидно је тињала, готова да првом згодом плане у општи пожар који прождире сву снагу отаџбине и суши најбоље сокове њене.

Тако растрзана, збуњена и пометена, Србија је често стајала немоћна у најсудбоноснијим тренуцима, када су на решење долазила најкрупнија животна питања, од којих је зависила сва будућност њена.

... Србија ни данас нема унутрашњег мира, јер у њој под пепелом још тиња давнашњи проклети раздор између Обреновића и Карађорђевића.

Србија и Црна Гора окрећу једна другој леђа и раде свака на своју руку, јер владари у Београду и на Цетињу мрко гледају један на другог као супарници, готово као душмани.

Тако у истини стоји. А ми питамо је ли добро што је тако? Сме ли се то и даље тако остављати?

О, не, не! Народи дижу владаре на престо и чувају своје династије зато да оне служе великим интересима и задацима народним и да олакшавају извршење тих задатака.

А кад распре и заваде српских династија уде народној снази и наносе штете и граде сметње његовом јединству, онда народ има право и треба да подвикне својим династијама:

„Мирите се, спријатељавајте се, срођавајте се, жените се, удајте се, кумите се и чините што год знате и како најбоље знате, само се морате једном измирити и дати мира и нама и себи. Иначе, ви одмажете, а не помажете српском јединству.

* * *

Само за свога живота, за пола века, Пера Тодоровић је упамтио на српском престолу четири Обреновића и два Карађорђевића.

Тодоровић записује:

„Родио сам се под владом кнеза Александра Карађорђевића, покојног оца садашњег Краља Петра I – (2. маја 1852. године).

Још добро памтим, како сам у Хасанпашиној Паланци (округ смедеревски, срез јасенички) у маленој паланачкој црквици-брвнари, као малено ђаче, с осталом дечицом, при крају службе божије радосно певао и узвикивао:

„Благовјероному Господарју и Књазју нашему Александру на сопротивније даруја!"

После наједанпут то престаде, и сасвим се добро сећам, како су нас учили да место Александра помињемо и певамо:

„Благоверному Господарју и Књазју нашему Милошу на сопротивније даруја!"

Дакле, дошла је 1858. година, династија се променила, кнез Александар Карађорђевић отишао, а место њега дошао стари Коца Милош Обреновић.

Умро књаз Милош (14. септембра 1860), а на престо српски попео се син Милошев кнез Михаило Обреновић, који после осам година погибе, 29. маја, у среду, у Кошутњаку...

Десетак дана доцније, 11. јуна, у уторак, 1868. године, ступио је на српско земљиште четрнаестогодишњи шипарчић, који се попео на српски престо под именом „књаз Милан Обреновић IV".

Кнез Милан постаје доцније (1882. године) краљ Србије, а после двадесет година владавине, добровољно се одрекао престола и предао круну своме малолетном сину, краљу Александру I Обреновићу V.

Маја 29. ове (1903) године краљ Александар гине од завереничке руке, а на српски престо долази краљ Петар I, син кнеза Александра Карађорђевића, који је 1858. године уклоњен био с престола.

И тако, за 52 године мога живота, ја сам запамтио владавину четири владара из дома Обреновића и два владара из дома Карађорђевића! За пола века изменило се на престолу Србије шест владалаца. Од четири Обреновића само су двојица умрли природном смрћу, а двојица су грозно погинула.

Све те промене ја сам упамтио, а за владавине два последња Обреновића узимао сам и жива стварна учешћа у свим важнијим политичким и друштвеним пословима – записује Пера Тодоровић 1903. године у 27. свесци *Огледала*.

КОШМАРИ

Први сусрет Пере Тодоровића с кнезом (каснијим краљем) Миланом, био је дечачки безазлен, у часу кад је после убиства кнеза Михаила, млади Милан ступио на тле Србије, у уторак, 11. јуна 1860. године.

Тодоровић тај сусрет овако описује:

Када је кнез изашао из пароброда, ја сам био заузео „ложу" на једном багрему, одакле сам извиривао да видим „новог књаза". Када се кнез са Саве упутио Саборној цркви, непрестано сам трчао, не бих ли како год видео кнеза из близине...

Кнез Милан лако устрча уз црквене камене степенице и нестаде га у цркви.

Ту је одслужио богослужење, после тога се млади кнез поклонио гробу свога великога стрица (кнеза Михаила), који је пре неколико дана сахрањен.

Кад се кнез из цркве враћао, ја га већ нисам могао из близа видети, јер ме гунгула бејаше потиснула с мог згодног места. Видео сам само да је кнез, при изласку из цркве, сео у отворена кола, с оном истом господом с којом је дошао са Саве, и да је с онако истом пратњом, и оним истим редом, одјурио даље у правцу Теразија и кнежева конака.

Тако је, ето, кнез Милан, први пут као владалац српски, ступио у своју престоницу и тако сам га ја први пут видео.

Мени је тада било 16 година (две пуне године старији од кнеза) а био сам тада ђак у петом разреду Велике гимназије.

Сусрећући се тада с овим скромним шипарцем, ко је могао и слутити како ће бити знаменита улога коју ће овај дечак доцније играти у повесници српској, и како ће моја судбина тако многоструко бити испреплетана и уткана у живот и дела овога дечака...

Са Краљем Миланом Обреновићем, Пера Тодоровић је потом имао неколико судбоносних сусрета, које је записао касније у свом Огледалу.

Један од по Перу најзначајнијих сусрета збио се такорећи у хапсани где је Тодоровић робијао после Тимочке буне, као члан Главног одбора Радикалне странке, пошто му је смртна казна, 7. новембра 1883. године, „милошћу краља", замењена за десет година тамнице. Из робијашница Тодоровић је написао краљу Милану неколико писама, бранећи радикале од оптужби да су подстрекавали буну.

Из Зајечара, осуђени чланови Главног одбора радикалског отерани су у пожаревачки затвор, у коме је било још преко 200 осуђених радикала, махом добошара и трубача из побуњеничке војске.

Одатле, у договору с друговима, написао сам друго велико писмо (краљу Милану), које смо требали сви да потпишемо. Али, кад је до тога дошло, сви су одустали, па писмо потпишем ја. Писмо је привидно било намењено господину Андри Николићу (министру спољних послова), а у ствари писано је за краља Милана, коме је и отишло у руке.

То писмо нас је довело из Пожаревца у Београд.

За време трогодишњег тамновања у београдским казаматима, два пута сам писао краљу Милану. Суштина тих писама била је да краљ греши што радикалну странку сматра противником свога престола...

О Божићу 1885. године, краљ Милан је ноћу, тајно, дошао у град и наредио да ме изведу из казамата и одведу пред њега... Рекао ми је да су га амо довела моја ранија писма, која је сада поново прочитао.

Моја су се прорицања испунила и он, краљ, хоће да се измири с радикалном странком и да у њој потражи ослонце, како би Србија била што јача према Бугарској, с којом се заплела у рат. Створено је примирје, али још не и мир. Било да се даље ратује, било да се мир закључи, увек ће боље испасти ако краљев положај буде појачан поузданим наслоном на радикалну странку. За измирење с њом краљ је тражио моје посредништво...

Вративши се од краља Милана у затвор испричао сам друговима шта се десило. Изненађење је било и велико и радосно. Већали смо дуго у ноћ и моји другови раширених руку примили су краљев предлог. Нико се од њих није тада бојао што ћемо овим обећањима и залагањем своје часне речи умногоме везати себи руке за доцније слободно држање у политици...

Чим смо се нашли на слободи, краљ Милан почео ме призивати себи...

Уследило је неколико значајних, али и контроверзних потеза краља Милана, који су збунили и њему најоданије сараднике; од краљеве одлуке о разводу са краљицом Наталијом и одузимања од ње малолетног кнежевића Александра, до устава из 1888. године и краљевог абдицирања са престола. Савременици су све ове судбоносне потезе везивали за план о разводу краљевог брака.

Абдикацијом је краљ Милан желео да осујети планове краљице Наталије за преузимање власти и, збацујући себе, да и њу збаци с престола, а потписујући устав који ускраћује краљеву власт, краљ Милан је рачунао да ће „земља ускоро бити принуђена да тражи другачију, патријархалну и конзервативну управу, по старим традицијама".

У свим тим догађајима учествовао је и Пера Тодоровић, не само као сведок.

Почетком 1889. године, једне зимске ноћи, ненадано добијем поруку краља Милана „да му одмах, још вечерас, одем..."

Био је већ сат пре поноћи, кад ми дежурни ађутант отвори врата на краљевој дворани...

Кад је Краљу Тодоровић одговорио да познаје Руса Стањевског, још из Швајцарске, а такође и тадашњег руског представника у Београду Персијанија, краљ Милан га замоли за једну услугу.

– Е, лепо – рече краљ Милан – онда да ми учиниш једну услугу. Код тога господина (Руса Стањевског) сад живи једна средовечна жена, Рускиња, Пољакиња, Влахиња, шта ли је, не знам ни ја. Отиди, упознај се с том женом, разговарај с њом о разним стварима, како би је могао што боље оценити, па дођи да ми кажеш шта ти мислиш о тој жени. А распитај се о њој и код тога твога пријатеља Руса. Хоћеш ли ми то учинити?

– Не знам шта да вам кажем. Што Ви то нисте разабрали преко другога?

Краљ се насмеја:

– Шта? Да разаберем преко другога како ти мислиш о тој жени?! Ја хоћу твој суд о њој. Разумеш?

– Разумем.

После три дана, опет сам био код краља Милана. Дао сам му ове податке:

„Рођена је у Кијеву пре 42 године: мати јој је била Влахиња, а отац Мало-Рус, војни капетан. Њено је пуно име Марија Ивановна Кљунова Подољска... До пре четири године била је врло срећна, али тада јој умре јединац Александар, младић од 20 година, и то је за њу био страховит ударац. Прво је дуго боловала, а после је постала тужна, меланхолична и од тога доба бави се спиритизмом, изучава тајне појаве и верује да постоји засебан духовни свет, с којим по неке особе могу да дођу у додир и везу. Верује и у судбину и тврди да у многим приликама може унапред да се прозре шта ће бити и да се предскаже будућност... Има тајних средстава којима може да се поврати изгубљена љубав и верност супружника, и тим чаролијама она се и сама по мало бави. Али она то ради само за своје пријатеље, из љубави, а никад за паре...“

– Излази као нека врачара, бајалица, шта ли – примети краљ.

– Нека средина између мудрости и лудила...

Краљ је подуже ћутао, па упита:

– А није ти ништа говорила о Краљици (Наталији)?

– Јесте, Величанство, говорила је и о Краљици, и о Вама и о Вашој несугласици и о престолонаследнику...

Краљ Милан се брецну:

– Па што то не казујеш?!

– Извините, Величанство, али ја сам рачунао да су Вама те ствари непријатне и да с моје стране не би било учтиво, да ја тај разговор покрећем.

– Твоја учтивост! Као да људи говоре само о ономе што им је пријатно! Причај то што си чуо.

– Па немам шта много да причам, Величанство. Жена се ваздан вајкала што су између Вас и краљице затегнути и незгодни односи, због којих обоје страдате. Али, по њеном нахођењу, од тога ће највише да пати невино дете, и то је у целој ствари и најгоре и најопасније. С тога, ако не ради Вас, а оно ради детета требало би да се између Вас поврати првашња слога и љубав...

– А шта вели о престолонаследнику? Што њега ту меша?!

– Ту је она напричала пуна кола. Оно, наравно, у таквим непријатним домаћим приликама има незгода и за децу. Али код ње је све то претерано, увеличано, фантастично! Она ту види некакву судбину, која се може чак и на звездама читати. Ту је код ње помешано и наследство престола, и цео даљи живот, па чак и женидба краљевића.

– Зар је споменула и наследство престола? Шта вели о томе? – упита краљ Милан и загледа ми се право у очи.

– Тек ту је њена фантазија достигла врхунац. Интересантно би било да сте је Ви чули, шта је говорила.

– Шта је говорила?

24

– Мрзи ме и да вам причам, Величанство, и молим вас оставите то.

– Што те мрзи?! Шта ту има тебе да мрзи, ако је реч о мени! Шта, грди ме, ваљда, и она?

– Не, не, Величанство! Није Вас она грдила. Уопште, то је жена која неће да грди никога. Али, она Вас је прекоревала: управо бунцала је и пребацивала Вам да напуштате дете у најтежем и најопаснијем тренутку; да се извлачите Ви лично, а остављате дете да одговара за Ваша дела и погрешке.

– Како се извлачим?! Шта и где напуштам?

– Молим Вас, Величанство, оставите то! Кажем Вам, то је болесна жена.

– Болесна, здрава, причај редом шта ти је све говорила – брецну се краљ Милан.

– Немам шта много да Вам причам, Величанство! Главно је то, она о Вама говори као да сте Ви све оставили и напустили и од свега руке дигли, па се Ви склонили, а оставили краљевића да запенушена политичка борба наша њега запљускује.

– Шта хоће она тиме да рекне? Како ти то разумеш?

– Ја разумем тако, Величанство, она Вас кори што сте новим уставом предали сву политичку власт у руке политичким партијама нашим, а Ви се повукли у улогу чисто уставна владаоца. А такво Ваше држање она сматра као Ваше уклањање, као извлачење из посла и борбе. Наравно, она то бележи оштрим, драстичним речима. Извините ме за израз, али она просто каже: Краљ Милан бежи, а оставља сина на средини.

– Бежим?! – викну краљ. – Куда то бежим?! Шта вели и како то тумачи та влашка пророчица?!

– Шта вели? Боље питајте, Величанство, шта она ту не вели. Она помиње Глајхеберг; помиње ваше блиске и поверљиве односе према аустријском двору. Каже да Ви више верујете високој господи бечкој, но својим највишим доглавницима београдским – уопште она говори тако као да ћете Ви сутра некуд отићи, а тиме, јамачно, хоће да каже како сте ви новим уставом напустили многа Ваша владалачка права која сте од раније имали. Тако ја разумем тај њен говор. Но ја не знам, шта Вас у целој ствари толико интересује?!

— Интересује ме то, што ова чудновата жена у многоме, доиста, погађа моју мисао. Јест, ја хоћу политички да се повучем и да пустим наше партије, да видимо шта оне знају и могу и шта ће оне направити од Србије.

— Ви хоћете, Величанство, да будете строго уставни владар, какви су данас готово сви други владари јевропски, сем Руса и Турака. То ми можемо не одобравати, али, најпосле, кад сте се Ви као владалац решили да многа своја права уступите народу, онда против тога не можемо ништа имати ни ми, обични грађани. Пробајте, па ћемо видети како ће тећи та нова млада уставност наша. Ако не иде како треба, Ви ћете бити ту, да у сваком тренутку можете зауставити трку, ако видите да кола окрену низа страну.

— Дакле, ви да се тучете, а ја да стојим и мирно да гледам ту вашу трку, па кад видим да хоћете да поломите вратове, онда да вас ја заустављам. Е, извините, за такву улогу ја нисам способан.

Мене ове краљеве речи изненадише и ја приметим:

— Па шта ћу Вам, Величанство, ту сте улогу Ви сами себи изабрали. Зашто сте давали овако широк, слободоуман устав, где су владалачка права овако ограничена. Зашто сте такав устав давали, ако Вам је улога уставног владаоца тако мрска?!

— Ја сам то дао из обести, шта?! Зар нису саме прилике дотле биле догнале, да се овај корак морао учинити?! Тај опит, ту пробу уставна Србија мора да издржи, јер, иначе, није могуће доказати вашим радикалима да Србија није дозрела за енглеску и швајцарску уставност.

— То све потпуно разумем, величанство. То сте хтели и то сте створили. Само сад не разумем како, с једне стране, тврдите да је та проба била неизбежна, а с друге стране, протествујете што баш морате Ви правити ту пробу. Па ко ће је правити други, ако нећете Ви?!

Краљ се изрогачи на ме:

– Правите је ви сами!

– Како ми сами, Величанство, зар без вас?

Краљ скочи са столице и викну:

– Јест, јест! Без мене. Правите је ви сами, без мене!

Изговарајући ове речи, краљ је живо ходао по одаји. Био је врло узбуђен. Ходајући, држао је марамицу у руци и брисао крупне грашке зноја са чела.

Нисам знао шта ћу. Устанем и сам. После неколико тренутака краљ ми пружи руку и рече промукло:

– Лаку ноћ, Тодоровићу! Дођи... или боље, немој долазити! Ја ћу те сам викнути кад затреба. О свему овоме нећеш говорити ником ништа... Чак ни о одласку тој жени... Лаку ноћ...

После неколико дана та је велика загонетка била разрешена:

22. фебруара 1889. године, краљ Милан је абдицирао.

* * *

Пред нашом новијом историјом стоји питање: када се код краља Милана први пут зачела мисао да добровољно напусти престо српски и да ли је та мисао првенствено потекла од њега самог или кога другог, и од кога?

Можда ниједну тајну није краљ Милан толико чувао и тако добро очувао, као ову о свом одступању.

Једино у тренуцима љутине, кад плане, он је понекад наговештавао намеру да напусти престо.

Истина, пре одступања, краљ Милан је извршио велико дело променом Устава. Али ко је онда могао и помислити да он спрема нови устав да други по њему раде, а он да иде. Напротив, онда се веровало да он доноси нови устав што се решио да задовољи слободоумну струју у народу, па да ослоњен на њу, краљује мирно као уставни владар.

Међутим, док се тако мислило, краљ Милан је у потаји спремао своју велику и судбоносну одлуку.

Прва клица помисли на напуштање престола никла је код краља још на Сливници... По казивању очевидаца, ствар је текла овако – пренеражен српским поразом на бојном пољу, краљ Милан је наједном изгубио присуство духа, изгубио је сваку веру у могућност војничког успеха српског и решио је да напусти престо и Србију и да одмах оде из земље.

Да се на то одлучи, утицало је много и то, што је краљ Милан мислио да се српска војска, у којој је огроман број радикала, неће да бије под врховном командом његовом. С тога је неопходно да се он уклони, а тада ће наступити једно од двога: кад њега нема, онда ће се или закључити мир с Бугарима, или, ако се продужи рат, српска војска бориће се добро и прогнаће Бугаре из Србије.

Под утицајем таквих мисли, краљ Милан је хтео да иде из Србије, а за краља да се прокламује малолетни краљевић Александар, поред кога би, као регенткиња села на престо његова мајка, краљица Наталија.

Краљ Милан је већ био готов с том својом намером, кад наједаред за то дозна Милутин Гарашанин, тадашњи министар председник, и он поквари целу ствар...

Да ли је краљ Милан само кушао Гарашанина, како је после тврдио, или је у првом страху збиља помишљао на одлазак из Србије, а после га је било стид да то призна, па измислио причу о кушању Гарашанина – тешко је рећи и пресудити...

Ипак, несумњиво је да је краљ Милан и даље, полако и натенане, припремао свој силазак с престола и да се о томе израније саветовао са неколико најближих пријатеља, чији је круг био ограни-

чен. Сада с поуздањем можемо рећи да су аустриј-
ски двор и цар Фрања Јосиф били међу првима ко-
јима је краљ Милан поверио ту своју тајну... Од
Срба, ту су ствар израније знали Јован Ристић и
још три-четири човека највише...

У тим мучним и необичним данима, краљ Милан
је био раздражљив и узбуђен, често срдит, напра-
сит, ћутљив. То је највише осећала његова најбли-
жа околина, а понекад би по каква варница прсну-
ла и падала, чак и до мене!

* * *

Било је прошло већ неколико дана од мог по-
следњег одласка краљу Милану, а он ме ни један-
пут више не позва да му одем. Да идем и незван –
није био ред.

Међутим, ја сам био на великој муци. Последње
речи краљеве, онај његов скоро очајан узвик, да са-
ми, без њега, правимо пробе с новим уставом – ни-
како ми нису излазили из памети.

Најзад се решим да краљу напишем шта ме му-
чи и да му се тако сам јавим, кад ме он већ не пози-
ва. У писму напишем и ово: „Свако Ваше удаљава-
ње из Србије ударац је будаком у сам корен лозе
Обреновића!"

Писмо је предато краљу Милану 29. јануара
1889. године, у недељу, око 11 часова пре подне.

Неколико дана доцније, добио сам срдиту пору-
ку краљеву „да не пискарам којешта!"

Судбоносна одлука краљева била је већ непо-
вратно утврђена и ништа је више није могло поко-
лебати!

* * *

Краљ Милан ме позове у Конак, 6. фебруара
1889. године. Одмах сам видео да је љут. Ни моје
расположење тог дана није било најбоље и међу
нама, убрзо, дође до крупнијих речи.

29

– Ваљда не мислите, Величанство, да ми је могло и на ум пасти да Вас намерно вређам. Али, допустите да Вам се може бар истина рећи.

Краљ Милан ме пресече:

– Говори, говори! А ја већ знам те ваше истине! Ја сам и научио, да ми под изговором истине крешу у очи разне дрскости. Па, дед, да чујем и тебе.

– Немам шта много да Вам кажем, а није ни ново. Све што имам да Вам рекнем, то Ви и сами знате. Само што Ви често нећете да знате чак ни оно, због чега сами највише патите. Ето, сад се љутите кад Вам се рекне за Краљевића, а сушта је и жалосна истина, да Ви од тога детета, без икакве нужде и потребе, градите сиротанчића без оца и мајке.

– Сушта је истина да си ти сад овде рекао једну крупну неистину. Зашто и по чему је Краљевић сиротанче? – обрецну се краљ.

– Па где му је мајка? – упитах ја.

– Јесам ли је ја отерао?

– Тако бар мисли цела Србија. Али, рецимо, да и није тако. Факат је да сте Ви наредили да се Краљевић одузме од Краљице. Одвојили сте га од матере, а сад га остављате и Ви, и онда ето готова сирочета.

– Него шта, требало је да пустим да дете вуцарају по туђем свету? И какве ти то појмове имаш о васпитању једнога престолонаследника? Шта би ти хтео – да Саша једнако држи матер за сукњу. Ако ико, он се баш мора свикавати на самосталан живот и рад. Он треба да се развија самостално, да се васпита војнички, да се свикава на чврстину и издржљивост. Та он је већ у тринаестој години. Не може, ваљда, непрестано вирити матери из крила! Он има своје професоре, своје васпитаче... Па зашто је онда Саша сиротанче?

– Ја не видим никаква озбиљна разлога за Вашу абдикацију, Величанство!

– Не видиш озбиљна разлога?! Па добро, шта ти онда уопште видиш? Видиш ли ти шта се ово ради, и докле су ствари код нас дотерале? Видиш ли ти, какве се агитације воде против династије Обреновића, и како се са свију страна рије и бушкара, да се она обори? Видиш ли шта је све урађено, да би мене, као поглавицу династије, што више оцрнили и оклеветали код народа? Иако се ствар тиче моје коже, ја нисам слеп да не видим како овде стоји у истини. А у истини ту је ово: сви ударци, којима мене гађају, намењени су династији. Нишане, бајаги, краља Милана, а у ствари пуцају на династију Обреновића...

– Ви да се склоните, а дете да подметнете под ударце. Велите, на дете неће нико ударати. А ја вам велим да на слабост удара свако... Нико Вам неће ништа признати што сте се сами склонили. Ваше повлачење прогласиће за бекство и јурнуће за Вама у потеру. Што се Ви будете више склањали, све ће Вас више гонити... А најгоре и најопасније биће то, што ће у целој тој ломљави Краљевић најгоре проћи. У овом нашем политичком и династичком лому он ће неко време чисто бити „изгубљен из вида". У том погледу, три-четири године пројуриће неосетно. И једног лепог дана, и Ви и ми чисто ћемо се зачудити, кад видимо пред собом једног младића, кога ми скоро и не познајемо, али који ће већ имати своје ја и неће више дати да се као дете води за руку. То ће бити младић, који је своје најосетљивије године, кад душа највише прима, провео у друштву дворске послуге и наших подофицира и нижих официра. И онда, богме, Србија и престо шта нађу и шта добију – то им је!... Грех!... То ће бити велики грех!...

Но, краљ ми не даде да довршим. Повика:

– Грех, грех! Остави ту глупу и бесмислену реч! Њу си потезао ваздан у твом последњем писму, пре неки дан! Ко те не зна, мислио би да си какав поп. Једнако ти „грех" на језику! У политици има успеха и неуспеха, рачуна добрих и погрешних, има правих и кривих путева; али нема грехова. „Грех“ – то је шупља реч, без смисла и садржине!...

Више га као КРАЉА нисам видео.

Али, добио сам позивницу да 22. фебруара дођем у Двор.

Ту, у великој Белој дворани, биће тога дана прослава прогласа српске краљевине... И откриће се тајна!

ПРОРОЧАНСТВО

Било је то у лето 1888. године, а у доба када је кобна домаћа завада била у највећем јеку. Тужба за развод брака већ је била подигнута, а место г. С. Грујића на владу бејаше дошао г. Никола Христић с г. Чедом Мијатовићем и осталим министрима из тога кабинета, за које се јавно говорило да му је главна задаћа да развенча краља и краљицу.

Једне вечери у великој дворани у Министарству спољних послова бејаху искупљена сва г.г. министри, само се још очекивало на г. Ч. Мијатовића, па да отпочне министарска седница. Чекали су врло дуго, али г. Мијатовић не дође. А међутим без њега се није могла држати седница, јер је баш он имао да донесе од Њ. Вел. Краља Милана важна саопштења, због којих је управо и требало држати ову министарску седницу. Било је већ прошло 9 часова увече, када се г. Мијатовић једва једном врати. Но како је било већ доста позно, то се договоре да седницу оставе за сутра ујутру, а сада да им г. Мијатовић поднесе извештај о своме дугом разговору са Њ. Вел. Краљем.

Г. Мијатовић узе излагати и казивати редом шта је све од краља чуо, па најдаред застаде и окрете се г. министру председнику.

– Ама, молим вас, шта то значи, што ми је Њег. Вел. Краљ, кад сам га одвраћао од парничења и развода брака у 2–3 маха узвикнуо: – „То се мора свршити! Тако је суђено!... Тако је још пре двадесет година проречено!... То је судбина!" Јес, тако ми је у 2–3 маха узвикивао краљ Милан, а кад га најзад упитах, шта то треба да значи – да је то проречено још пре двадесет година!... и ко је то прорекао – краљ ми онда рече: Питајте вашега г. министра председника, он ће вам то објаснити. Збиља, знате ли ви што о томе г. председниче?

На ово питање г. Н. Христић прво одмахну главом, као да је хтео рећи да он ништа о томе не зна, али после мало поћута, протрља прстима чело и рече полако:

– Јес, јес! Има нешто. О томе је вођена тада читава истрага, против те ствари.

На ове речи старчеве сви скочише да им г. Христић исприча шта се то све десило.

Г. Христић се позадуго нећкао, изговарајући се да је то било давно, да је много позаборављао и да неће умети да исприча све како је у истину било. Али на г. Христића навалише неодступно сви његови другови и он најзад мораде попустити. Но, место да им прича ствар сам, он нареди да му из Архива мин. унутрашњих послова донесу фасциклу из 1868. године.

Ту, у тој фасцикли, нашли су читав низ докумената у којима је забележено много важних и интересантних ствари о једном чудном пророчанству, које је прорекло страшну топчидерску катастрофу и многе друге судбоносне догађаје који су се доцније развијали у Србији.

То чудно пророчанство простире се на читав један век и обухвата не само прошлост и садашњост, већ иде далеко и у будућност.

Све то, пак, дало је повода једном нашем државнику и књижевнику (Чеди Мијатовићу), те је о томе написао красни *историјски роман,* који ћемо кроз који дан почети да доносимо у нашем додатку!

Свраћајући на то унапред пажњу наших штов. читалаца, ми их молимо, да брижљиво прибирају и чувају све бројеве нашег листа у којима буде излазило „Једно Пророчанство“, пошто ствар неће бити *засебно* одштампавана.

(*Мале Новине,* број 117, од 30. априла 1902. године)

34

РОЈЕВИ

После овакве најаве, у йодлисйку Малих Нови-
на, *у среду, 5. јуна 1902. године, йочео је да излази*
Историјски роман из српске прошлости – ЈЕДНО
ПРОРОЧАНСТВО. *Иако без йоййиса аутора,*
знало се да је йо „државник и књижевник" Чеда
Мијайовић, а да је садржина романа йребало да
йойврди йророчанства креманских видовњака.

Прва йрича односила се на судбину кнеза Алек-
сандра Карађорђевића, а „историјски роман" йод-
разумевао је аутентичности личности и догађаја,
уз извесне „књижевне слободе".

Почело је објављивање текста који ће уреднику
и власнику Малих Новина, *Пери Тодоровићу, доне-*
ти нове невоље, сада са владајућим краљевским йа-
ром Александар Обреновић–Драга Машин.

Роман је йочео йоглављем „Забринута владар-
ка", а односио се на књегињу Персиду, жену кнеза
Александра Карађорђевића.

Било је то у самом почетку месеца децембра
1858. године. У то доба, тек што се бејаше састала
у Београду она знаменита Свето-Андрејска Скуп-
штина, која је узела на се да за мало дана створи
многа велика дела, да из темеља преобрази целу
једну државну управу, да једним потезом реши суд-
бину две династије, да за две-три недеље обори оно
што је 20 година подизано и учвршћивано, да као
шаку плеве развеје силни савез српских великаша,
баш у тренутку када су они рачунали да су на
врхунцу своје моћи и славе.

У те дане Београд је личио на огњено брдо у чијој утроби ври и клокоће усијана растопљена маса, која сваког часа прети да пробије, да се излије и да на далеко око себе све спржи, сагори и уништи.

У то доба, једне вечери, књегиња Персида, средовечна, крупна, наочита жена, стајала је крај стола, у једној од спаваћих одаја кнежевског двора и претурала по некој великој, окованој дрвеној кутији, тражећи нешто.

Према њој седео је на миндеру сувоњав, кошчат човек, средњих година, средњег раста, врло живих немирних очију, бујне длаке и необично црне масти.[*]

– Звала сам те, Мито, да нам се овде нађеш док не прође ова гунгула – рече књегиња..."

Мита Љотић звани Смедеревац, био је поверљив човек Карађорђевићеве куће, који је за ову породицу већ имао великих заслуга и који је вазда био готов да за њу све учини, па тако и сада, али претходно је поставио књегињи Персиди једно важно, и видеће се касније, судбоносно питање:

– Шта мисли на све ово Илија Гарашанин?

– Шта мисли – рече књегиња и уздахну дубоко – то баш јесте невоља, што нико не зна шта он, Гарашанин, данас мисли! Кад је овде, он говори не може бити боље и теши нас да се ничега не бојимо. Али кад оде одавде и кад после чујемо шта је говорио на другом месту, онда човеку памет да стане; највећи душманин не би ништа горе могао рећи.

Но Смедеревац је себе сматрао поузданим ловцем у свакој прилици, а то је убрзо показао и његов разговор са артиљеријским капетаном Костом Ненадовићем, који у „роману" следи:

– Како ко хоће, али за мене је једно јасно. Овде или ваља давити, или повити врат и чекати да будеш удављен! Другога избора ту нема! А ја, брат Мито, кад имам да бирам да ли ћу бити ловац или зец, богме волим увек бити ловац! Нисам жедан

---
[*] Мâст – пут, тен, боја коже.

ничије крви, али кад већ мора бити, волим да кољем ја, но да кољу мене! – рече капетан Ненадовић, уређујући своје дуге смеђе брке.

– Море, ако је већ дотле догнало, онда волим бити чак и кер него зец. А већ што се ловца тиче, тај сам одавно – прихвати Мита...

– Би ли се могао примити да разбијеш ону јазбину код Алимпића?

– Могу и хоћу, само ми треба људи, оружја и новца.

– Добићеш све. Само да се не пометеш, да се не преплашиш кад дође до крви!

Љотић се пресече: – Таман си погодио ко да се преплаши! А знаш ли ти, Бога ти, ко сам ја? – рече он чисто прекорно – Јеси ли кад год чуо за владику Максима и за Сараф Косту? То су биле мало друкчије делије од ових данашњих, па сам ја и с њима изашао на крај. И они су сањали о протеривању кнежева, па где су данас! Оружја и новца ти мени дај и нешто мало људи, а имам и ја својих, па му даље не води бригу...

Близу до два часа по поноћи трајао је разговор и договор између ова два врла браниоца Карађорђевића.

Ту су решене и утврђене многе крупне и важне ствари. Обојица су сазнали да је положај врло критичан, да је опасност велика и обојица су били сложни у томе да ваља радити брзо и одсудно...

... Један од главних послова састојао се у томе, да се уклони она гомилица млађих људи, који су почели да се истичу као вође и као душа народног покрета, који је био наперен против кнеза Александра.

Неке од тих људи ваљало је побити, а друге похапсити, прогнати или уклонити на други који начин.

– Ја узимам на се да свршим с овима у униформи – рече капетан Ненадовић и он потанко исприча Љотићу шта је удесио за Јоцу Марковића (Белимарковића) и Ратка Алимпића.

За та два официра било је наређено и да их припрезају у касарни и да их ту убију. Удешено је да то буде рано ујутру или подоцкан увече. Превариће их да су им коњи болесни и намамиће их да дођу у коњушницу. Ту ће их ненадано напасти и побити, па ако буде јутро, закопаће их ту у ђубре до идуће ноћи. Тада ће их извадити, исећи на комаде, стрпати у врећу, бацити на таљиге, извести ван вароши и испод града бацити у Дунав...

... Те исте ноћи, Љотић ће имати са својим људима да нападне на „јазбину" (стан Алимпића и М. Јанковића) и да помлати оне које ту затече. Буде ли потребно, Љотић ту кућу може и запалити...

(Затим у роману следи поглавље „С народом брате"!)

... Још на измаку месеца новембра, одмах чим су народни посланици почели долазити у Београд, Београђане је стало обузимати неко необично одушевљење, које је све више расло.

Народни посланици долазили су у групама, подељени по срезовима или окрузима, а понекад и по више срезова уједно. Долазили су махом на коњима, многи и на хатовима, са лепом, а често и богатом коњском опремом.

Посланици су били изоблачени у живописно народно рухо, многи одевени „у дибу (чоху) и кадиву", с богатим везовима, с црвеним фесовима на глави а сви одреда оружани. Кога год погледаш, за појасом му се светлуцају сребрњаци (пиштољи сребром оковани), а многи кнезови, окружни начелници, председници судова и други људи од положаја носили су и сјајне сабље о бедрима.

Уза свакога посланика пошао је био бар још по један човек из његова места, или из околине, а из неких округа дошло је и по 3–4 пратиоца уза свакога депутата.

Тако се слободно може рећи да је уз посланике дошло бар још трипут толико пратилаца. А то су све били први и угледни људи у своме крају, све људи имућни, задружни, отресити, живо заинтересfollowing за народну ствар и за ову Народну Скупштину, од које се тако много очекивало...

... И све ове многобројне госте из народа Београђани су примили радо и одушевљено, отворили им своје куће, своје кесе и своја срца!... Београђани су сматрали као да тиме врше управо неко братимљење с народом, с тога се у те дане с њихових усана и чуо тако често узвик:

„С народом, брате!"

* * *

До те 1858. године, 30. новембра, на дан светог Андрије Првозваног, Народна Скупштина се није састајала читавих десет година, па су Београђани одушевљено дочекали њен сазив. Зато је Београд необично узаврео, а та „узаврелост природно је пренесена и на Двор". Од када је Скупштина почела заседати, у Двору кнеза Александра Карађорђевића настала је необична живост и узбурканост. Ту је било све у покрету, од Господара, па до последњег слуге дворског.

На Свето-Андрејској скупштини било је двојаких посланика. Једне је бирао народ по селима и варошима, а други су дошли у Скупштину по положају. Првих је било 337, а као посланици по положају улазили су: председник Касације, председници два одељења Апелације, председник суда за град Београд, управник града Београда, 17 окружних начелника, 17 председника првостепених судова, 21 председник свештеничког и монашког реда и четири владике, но владике су долазиле у Скупштину само у свечаним приликама.

Укупно је Скупштина бројала 401 посланика.

* * *

Међутим, за тих десет година (између две скупштине) десило се много крупних и важних ствари, које су народу тешко падале. Најгоре је било то, што је између кнеза и великаша непрестано трајала оштра и огорчена борба, која је потресала целу земљу. Та се борба водила подмукло, прикривено, али народ је за њу знао и од ње много зла трпео.

Али више но ико, ту борбу су осећали Београђани. Они су је гледали из близине; они су имали прилике да виде и позадину, све њене ружне и одвратне стране; њима је она и највише досадила и највише огадила.

С тога су они тако радосно и дочекали Народну Скупштину и тако се много у њу поуздали. Та се Скупштина састајала после десет пуних година. Она није џабе дошла. Она има да изврши неки велики задатак. Што нико није могао, то ће она моћи. Она ће поправити све, она ће спасти све! То је била вера Београђана!

А ови сељаци, ове гомиле оружаног народа што је допратио своје депутирце у Београд?

То су чувари скупштински; то је одбрана и заштита њена; то је народ!...

Тако су тада мислили Београђани... Ето, то је онда значио узвик Београђана: „С народом, брате!“

* * *

У поглављу „Гракће гавран“, следи:

...Владалачки дворови обично имају један свој засебни свет, па такав свој свет имао је и кнежевски двор Александра Карађорђевића.

Сама ближа и даља родбина кнежева била је врло многобројна, нарочито са стране књегиње Персиде, која је по рођењу била из дома Ненадовића. Уз то су долазили дворски службеници кнежеви, па знатан број слугу, па онда читав онај низ правих и сумњивих пријатеља, искрених и притворних приврженика, сва она непрегледна гомила готована, удворица и ласкача, што се као густ рој мува врте и облећу око Двора докле год над њим сија ведра зрака среће и безбрижности.

Али, чим се појаве облаци, чим се на сунцу славе владалачке укажу пеге, чим духне први ветар несигурности и опасности, овај рој дворских мува златица први се узбуни, први узме зујати и оглашавати кобну песму несигурности, пуну зле слутње и мрачних предсказања и први се разлети и разбежи, чим се из даљине зачује прва грмљава народног незадовољства.

Тако је сада било у двору српскога кнеза Александра Карађорђевића.

* * *

Књегиња Персида, мрачна, забринута, огорчена, седела је у својој спаваћој соби, на ониској округлој столици, са лактовима одупртим о колена и са главом укљештеном међу шаке.

Мало подаље, пред њом, на патосу застртом дебелим ћилимом, седела је, с прекрштеним ногама, крупна, проседа, коштуњава женска црна лица и врло маркантног циганског типа, с мајушним, змијским очима које су сијале као две живе жеравице и које су биле као жалац отровне гује. У десној руци ова циганка држала је пакло старих, прљавих, пожутелих карата с необичним фигурама, које су већ упола биле истрвене, левом је руком почешће дизала с очију праменове проседе црне косе, која је испадала испод велике црне мараме, овлаш пребачене преко главе...

– Три хале на вас зијају, златна моја госпођо, три хале... Трипут сам карте питала и трипут ми све једно казују – три хале!... Зло мисле, ама скок им малецак!... Скок им кратак!... Одавде до овде – много кратак... Али има друго нешто, друго има!... Ево вода, вода, вода, велика вода... А с оне стране воде облак се диже; отуда ветар дува, отуда може и

41

гром да удари; тамо да пукне, а ту да погоди, госпо-
ђо... о... о..., слатка моја!...

...Књегиња је забринуто слушала, а у себи је ми-
слила: каква ли је то „велика вода“? Можда је Са-
ва, а можда и Дунав! Отуда „ветар дува“! Па, дабо-
ме, отуда! Књаз Мијаило је у Бечу, а онај стари
курјак у Влашкој! То је обоје преко воде и ето ти
одмах готова „облака“...

– Каил сам да те тешим; ама шта ћу да ти ре-
кнем, слатка моја госпођо! Да те лажем да је добро
– није добро!...

Књегиња је пресече: – Да је зло, то ја и сама ви-
дим; не треба то да ми казујеш, а и шта ћеш ме те-
шити?!... Бог једини може да ме утеши! Него, кажи
ти мени то, има ли какве помоћи за нас и у шта се
и у кога би се ми сад могли поуздати?!... Видиш ка-
ко сад сви врдају, сви се извлаче, не зна човек у ко-
га би се поуздао! То ти мени реци ако знаш!

Циганка опет разметну карте, па узе значајно
вртети главом!

– Да се браниш, госпођо... о... о... о! Да се бра-
ниш! Ето у кога да се поуздаш! – она куцну прстом
по картама које су означавале жандарме – Ево
аскер – ту ти је све! И ако имаднете јунака човека,
можете се и одбранити. Ко се брани и Бог му пома-
же. Туркиња сам, ама ти чисто српски кажем – да
се браниш! Разумеш ли?

– Разумем, разумем – рече књегиња чисто охра-
брена.

– Е, добро! Ти разумеш; ама разуме ли то твој
човек? Хоће ли књаз да се брани? Је ли он јунак?!

– Хоће, биће!... Мора бити – рече књегиња
збуњено...

А на питање да ли кнезу Александру „стоји кру-
на“, картара одговори:

– Богато здравље и дуг, дуг живот, али круне не-
ма!

Кад је књегиња на то вриснула, картара је дода-
ла:

– Немој да кукаш! Нема круне, нема никаква господства и власти, али миран дуг живот. И има виле, косе, грабље – земљу ће да оре, као и његов дед... Ни ову годину нећеш овде дочекати! Дај Боже и Божић овде да проведеш, ама мучно. Пут, пут теби стоји, златна моја госпођо! Пут те чека!

– Какав несретни пут! Куда ћу, наопако, одавде? Зар сам се мало у мом веку ломила, па сад опет некуд да идем! – књегињи су од муке сузе удариле.

– Јест, златна моја госпођо! Бурна и мрачна будућност куца на врата ове куће...

* * *

(Следи поглавље „Пушку у руке“.)

У двору Александра Карађорђевића искупило се десетак људи са арт. капетаном Костом Ненадовићем, а књегиња Персида стаде пред кнеза Александра:

– Шта је, што си се ту повукао? – рече му књегиња прекорно.

– А да шта ћу? Да се надвикујем с овима не могу.

У томе и други присутни угледаше књегињу, приђоше јој и одмах отпоче жива препирка.

– Врло добро што си дошла – повикаше одмах неколицина у глас; – Врло добро!... Ево, дед, ти му кажи, ваља ли то!... Заинтачио: „нећу да се бијем; нећу братску крв да лијем“! Нисмо ваљда ни ми зверови. Нисмо ни ми жедни братске крви. Али кад они хоће нас по глави, волим пре ја њих!... – стаде први викати капетан Коста (Ненадовић).

– Па, наравно, бранићемо се, него шта ћемо! Нећемо ваљда мирно гледати, како нам комад из шака отимају!... Престо се мора бранити, па макар се до колена по крви газило. И за мој рачун, то није више братска, већ псећа крв, кад бесни људи на свога књаза насрћу. То треба као скотове потући – рече књегиња јетко...

... Ацика Ненадовић узе причати како је од поуздана човјека сазнао за читаву дипломатску заверу, која је скована у договору с Турцима. А та се завера, по уверењу Ацикином, састојала у овоме:

Вучић, Миша Камараш (Миша Анастасијевић, прозван Капетан Миша, или Миша Камараш) и Илија Грашанин скројили су план да прогнају књаза, па да њих тројица, као три кајмакама, завладају Србијом, коју би поделили на три кајмакамије.

– Порта им у томе иде на руку, јер је за њу много згодније и боље да Србија буде овако расцепљена и подељена на три господара, који ће се увек гложити међу собом, но кад у њој влада један књаз кога цео народ признаје за господара. У то име чак је спремљен и ферман султана, којим се постављају и потврђују ова три кајмакама. И тај је ферман већ овде у Београду. Њега у потаји чува Кабули-ефендија, који је за то само и послан. Јесте ли видели како је Кабули-ефендија одмах дотрчао амо из Беча, чим је видео да је изашао књажев указ којим се Скупштина сазива. Унапред је скројено да ова Скупштина књаза протера, па је Кабули похитао да се овде на мети нађе с ферманом и бератима за нове кајмакаме. На порти нису се смели поуздати у овдашњег градског команданта Осман-пашу, с тога су овај тајни и тугаљиви политички задатак поверили Кабули-ефендији, да га он изведе.

– Ја у то чисто не верујем – рече кнез Александар.

– Веруј, не веруј, драго ти, тек тако је у истини!... – одговори Ацика, као човек који зна шта тврди...

(Ацика Ненадовић важио је у кругу дворских људи као озбиљан политичар и искрен пријатељ престола).

– Збиља, господару, хоћеш ли ти пустити да бар ми војници испунимо своју дужност и да ове бунтовнике разјуримо из Београда? – рече капетан Глиша Божић.

Капетан Ненадовић прихвати: – Право велиш, Божићу. Ако нико неће, ми солдати морамо! Прилике се необично заоштравају. Скупштина сваки час може прогласити збацивање књаза. Ми то морамо одмах пресећи, јер ће после бити доцкан. С тога књаз треба одмах, још ове вечери, да се реши и да потпише указ, који би нама давао власт да радимо. Оклевати се не сме, с тога указ на среду!... Је ли тако, браћо?

– Тако је! Тако је! – сви повикаше у један глас.

Кнез Карађорђевић устаде: – Људи, шта хоћете ви од мене?

– Људи хоће да будеш истински књаз; да будеш истински син Црнога Ђорђа, чији је пиштољ био страшан и крштеним и некрштеним непријатељима српским; да будеш истински отац, који ће деци својој очувати бар оно што им је од деде остало, кад није било среће да им проширимо и увеличамо дедовину! Јес, људи хоће да тргнеш сабљу из корица, па да се јуначки бранимо од напасника. Ја сам малочас питала чувену баба-Фату, картару, па је и она рекла: „Да се браните и ако будете јунаци можете се и одбранити“. Вајкање и јадање ништа не помаже – рече књегиња одсудно.

Књаз Александар узе ходати по оцаклији. Видело се да она општа узбуђеност бејаше почела и њега да обухвата. И он рече осорно:

– Заокупили сте да се бранимо, да се бранимо! То је лако рећи, али је тешко учинити. Како да се бранимо, и с ким и чиме да се бранимо?! Шта? Да напијемо војску, па да онако пијане солдате пустимо да јурну у варош и да убијају људе где кога стигну – ја то нећу и не могу никад учинити, па да знам да ћете ме сад овде на комадиће исећи...

Капетан Ненадовић је потом изнео план за одбрану престола, па и мимо неодлучног кнеза „дворска Карађорђевићева партија, у намери да кнеза спасе, да свој положај очува и да сузбије две противничке групе, оличене у кајмакамима с једне и присталицама Обреновићевим с друге стране“ одлучи да хитно делује.

45

Било је већ близу два по поноћи, када су се дворске присталице почеле разилазити са свог значајног скупа. Одлазећи, они су носили девизу: „Пушку у руке!" Били су решени да оружјем бране престо, али и своје положаје.

* * *

Први ударац био је намењен такозваној „Јазбини", то јест, кући у којој су се искупљали прваци Обреновићеве партије. Али овај први покушај дворске партије завршен је потпуним неуспехом „који је грдно омео и разочарао кнежеве пријатеље. Сви су они овај несретни исход сматрали као рђав знак и ружно предсказање за будућност њихове партије".

Сутрадан је пукло по Београду како су грдно настрадали ноћни нападачи и свет се радовао, подсмевао и јавно исказивао своје задовољство, што су дворски најамници овако насели.

У међувремену, наоружани Београђани почели су у све већем броју да се окупљају око Скупштине, али су се још само шапутале речи: „Живео кназ Милош! Сад је на њега ред! Доће и његово време!"

* * *

По вароши се већ било рашчуло да је скупштинска депутација отишла у Конак кнезу, да му однесе скупштинско решење и да од њега тражи оставку. С тога се многи Београђани, место ка Скупштини, упуте на Теразије кнежевом Конаку, да виде и чују шта је ту било.

(Кнез је одбио да тог дана потпише оставку, и обећао је да ће то учинити сутрадан).

Депутација из Двора упутила се право у Скупштину, да однесе извештај о томе шта је урадила код кнеза.

46

Уз ову депутацију, пристајале су радознале гомиле народа, и што су се више примицале Скупштини, бивале су све веће...

... Депутација послата од Скупштине у Државни савет већ се била вратила и донела повољан одговор...

Државни саветници примили су на знање акт, који им је Скупштина послала и у коме их је извештавала о својој одлуци да се од кнеза тражи оставка, изјављујући да они немају ништа против такве скупштинске одлуке и да се и сами слажу са жељама народа.

Но, мало доцније, Државни савет као да се нешто покајао. Он пошаље у Скупштину своју депутацију да упита зашто се тражи кнежева оставка.

Скупштина ове изасланике Државног савета лепо дочека и да им сва обавештења. Односно оставке рекла им је да је свима добро познато зашто се кнез Александар није могао даље трпети и зашто је од њега тражена оставка. Али, ако Савет хоће, Скупштина је вољна да му пошаље списак у коме су побројане све злоупотребе кнежеве. Но, изасланици Савета били су задовљни добијеним обавештењима и нису тражили спискове кнежевих злоупотреба.

Овакав одговор и овакво држање Државног савета веома је обрадовало и охрабрило Народну Скупштину, јер се из тога јасно видело, да је Државни савет сагласан са Скупштином и да неће стати на кнежеву страну. Сад је још само требало видети шта ће донети депутација из Двора. Она наскоро стигне и потпредседник скупштински, Стевча Михајловић, упути се право у скупштинску дворану. Ту их скупштинари одушевљено дочекаше и поздравише громким: „Живели!“

Кад Стевча рече да оставка није потписана и да је кнез молио да за потпис причекају до сутра, међу посланицима наста гунђање и живо коментарисање, но Стевча викну јасним гласом:

– Браћо, књаз Александар молио је да не наваљујемо на њега да мора баш данас потписати оставку и дао нам је тврду, поштену реч, да ће то учинити сутра рано ујутру. Рекао је да ја одем сутра у 8 сати, а тамо ће ме већ чекати потписана оставка. Ја, браћо, верујем овој речи кнежевој, а тога је мишљења и цела депутација. Зато смо пристали да ту ствар оставимо до сутра...

Када су се посланици разишли из Скупштине, било је већ прошло два часа по подне. Београд је у то доба чудно изгледао... Духови су већ и иначе били раздражени, а овај глас још их је више распалио. То је био угарак који је брзо просуо варнице по целом Београду, и око четири часа по подне оружане гомиле Београђана већ су врвиле са свију крајева вароши и искупљале се на Теразијама, око Двора и по улицама што воде Скупштини.

...Разнесе се од уста до уста да кнез Александар и не мисли потписати оставку, већ се решио да апелује на народ, да пред народом оптужи Скупштину и да тражи да сам народ буде судија у спору између њега (кнеза) и Скупштине. Тога ради, говорило се да је кнез већ спреман да напусти Конак и да се под окриљем војске крене за Крагујевац...

... С тога се многе оружане гомилице почну прикупљати око Двора, те га убрзо опседну са свију страна, у намери да спрече излазак кнежев, ако би збиља покушао да крене за Крагујевац.

(То је било 10. децембра 1858. године)

Да би се избегле опасности, на наговор Илије Гарашанина, министра Унутрашњих дела, нова седница Скупштине заказана је у дворани „Српске круне“.

Чим је чуо шта је учинила скупштинска депутација, која је била код кнеза Карађорђевића, Гарашанин је дошао на мисао да сам оде кнезу и да с њим насамо говори.

Кнеза је затекао где забринут и узрујан хода по соби. Кад угледа Гарашанина застаде и поче се жалити како су га сви сад оставили, како га они, који су се до јуче издавали за најбоље његове пријатеље, сад избегавају и кад их упита за савет они само слежу раменима.

Гарашанин ће:

– Посланици су се опет окупили у седницу и Бог зна шта ће вечерас радити и каква ће решења донети.

– Шта, зар ће и ноћас држати седницу?! – питао је зачуђено кнез Александар. – Зар неће чекати до сутра на мој потпис оставке?!

Гарашанин слеже раменима.

– Ето, малочас су сви отишли у Скупштину и нико не може знати на шта се они могу решити у оваквим приликама.

– Па шта би се још горе могло десити? Мене гоне и траже ми оставку. Шта би могли још више и горе учинити?!

– Ја се бојим да не учине још горе.

– А шта то, господине Гарашанине? Шта би још горе могли учинити?

– Па, на прилику то да вас ухапсе и ставе под суд, као оно што су Французи учинили са својим краљем Лујем XVI!

Кнез пренеражено застаде:

– Забога, Гарашанине, зар мислите да је и тако што могуће?

– Ја, богме, мислим да је сасвим могуће...

– То је ужасно! Па шта онда ја да чиним? Да потпишем оставку и бежим у свет?

– То не; али ја мислим да има један други излаз. То би било да се привремено склоните на сигурно место, док се прилике не разбистре, док се види ште ће изаћи из целог овог ломатања.

– А куда да се склоним? Где би било то „сигурно место“?

– У граду – рече Гаршанин и упре поглед кнезу право у очи.

– Зар код Осман-паше?

– А што? Осман-паша је царски већил и командант београдског града. Код њега би били сигурни, а избегли би да сада потпишете оставку.

Кнез Александар се замисли и дуго је ћутао после ових Гарашанинових речи.

– Шта ли би на то рекли Београђани? Како ли би то примила маса света у унутрашњости?

– А шта ће вам рећи Београђани и унутрашњост и шта вас се то, најпосле, сад и тиче? Како они мисле о вама, већ су показали тиме што траже вашу оставку...

– Богами, окривиће ме да сам утекао Турцима!

– Па нека вас, најзад, баш и окриве. То би била једна оптужба више, а то у овим приликама не значи управо ништа. Међутим, ако се склоните у град, имате неколико врло крупних користи од тога. Прво, избећићете опасност да вас срамоте, стављајући вам страже око куће, где би вас држали као у каквом затвору. Друго, избегавате потребу да потписујете оставку, што би у овим приликама за вас било веома тешко, а политички и врло опасно. Јер, кад се једном потпише оставка, она се више натраг не трже. Треће, врло вам је згодно што се овде налазите у непосредној близини, одакле можете пратити цео развој догађаја и благовремено се умешати у догађаје и изаћи из града, чим се за то укаже згодна прилика. Све то упућује да се без предомишљања одлучите на овај корак.

– И ви ми то саветујете?!

– Јес, ја вам то препоручујем као најпаметније што се у овим тешким приликама може учинити...

– А како мислите да би требало изаћи одавде?

– Мислим да је најбоље да наредите нека се упрегну коњи, па седните у своја кола и заповедите нека кочијаш тера право Вучићевој кући. Да заварате траг. А кад дођете до Вучића, заповедите кочијашу нека окрене право у град.

– Па зар све то да буде одмах, сад?!

– Одмах, одмах, јер, како рекох, ја се бојим да већ не буде доцне!

50

– Па баш велите да идем?! Зар сам?!

– А шта ће вам још ко други?

– Па, би ли хтели бар ви да ме испратите?

Гарашанин слеже раменима.

– Могао бих, ако баш хоћете. Али ни ја вам ништа не требам.

– Ја вас молим да пођете. Па се вратите одмах.

– Добро, кад баш толико желите, ево, поћи ћу!

Кнез Александар Карађорђевић нареди да се упрегну коњи и после пола часа већ је био у турској тврђави, у одајама Осман-паше.

То је било око девет часова увече.

У том тренутку Александар Карађорђевић више није био српски кнез. Кнежевски престо био је упражњен и чекао је да се на њега попне и да на њему место заузме његов творац и оснивач – стари књаз Милош Обреновић...

Сада се још само питало: ко ће побрати плодове ове велике промене?

Гарашанин је био у многоме душа и творац покрета који је кнеза Александра Карађорђевића одвео у град (тврђаву) Турцима, стога, природно, видимо где се Гарашанин сад највише и труди да плодове кнежева прогонства побере он и његово друштво.

Стога и видимо Гарашанина где сад, у овим тренуцима, ради живо и неуморно. Он се није дуго бавио у граду. Знао је како су сада скупи тренуци и хитао је да се њима окористи.

ПОБЕДА

*У йрвом насшавку, следеће, 1903. године у рома-
ну* Једно пророчанство *следи:*

Децембар, 12. био је пресудни и знаменити дан
за целу будућност Србије. Тога дана, коначно је ре-
шена судбина династије Обреновића, а с њом и суд-
бина младе и нејаке државе српске, која се тек по-
чела подизати на ноге.

Није успео покушај државних саветника, на че-
лу са својим потпредседником, да завером, уз по-
моћ војске, врате кнеза Александра Карађорђеви-
ћа на престо.

Наоружани грађани покушали су да спрече на-
пад на Скупштину.

„Хај, браћо, куда ћете? Куда сте нагли? Та и ви
сте Срби као и ми!... Нећете ваљда да Народну
Скупштину?!...“

Наравно, војници нису слушали ово затраки-
вање грађана и гурали су готово силом напред...

... Но, у тај мах, дојури на коњу Ранко Алимпић,
вичући још из далека:

– Стани војско! Не продирите силом! Где вам је
командант?

Ту притрчаше и његови помоћници, Михајло
Вукомановић и Васа Маџаревић, вичући:

– Ето Божића, он је командант војске!

Тада Алимпић скочи с коња и притрча капетану
Глиши Божићу, вичући:

– Зар тако, капетане?! Зар Скупштину хоћеш да
нападнеш?

– Ја морам напред. Таква ми је заповест. Укла-
њај се с пута, капетан Ранко! – одсече се капетн Бо-

жић, и хтеде да пође напред. Али Алимпић је већ био изван себе од љутине. Он истрже два пиштоља самокреса и оба их напери Божићу под гушу, а промуклим гласом викну:

– Натраг! Ни корака даље, или ће нам овде обојици бити гоб!...

Утом други грађани спопадоше друге официре, вичући:

– Натраг с војском! Натраг с војском!

Јован Бабић, секретар Совета, запе пиштољ на наредника Нешу. А неки калфа трговачки, огромном, дугом пушкетином бејаше одупро у бок капетану Тодору, а сви су викали: „Не овамо! Натраг војско! Не овамо да гинемо!"

Командант Божић погледа око себе. Редови његове војске већ су били пробијени и многи оружани грађани беху се утиснули међ војнике, измешали се с њима и тако се сабили, да војници нису могли ни подићи пушке, а камо ли да се њима послуже. Уз то прекор и повика дизали су се на војнике са свију страна. Све то збуни и помете Божића. Он изгуби присуство духа и, гледајући пред собом Ранка Алимпића, који је такође био капетан, и кога је он познавао као озбиљна официра, очајно уздахну и рече: „Тако је ваљда суђено!" Онда се окрете и командова војницима да се повуку.

„Војска иде у касарну! Војска се враћа!..." Ово се брзо пронесе кроз гомилу и народ одушевљено повиче: „Живела војска!"

Али, затим је уследио други, озбиљнији јуриш војске који је требало да врати из тврђаве кнеза Александра.

Они се крену поред советског здања, поред дворца и остраг Палилулом поред Батал-џамије науме да кроз Стамбол-капију продру до града, да отуда узму кнеза Карађорђевића, да уз пут, при повратку, позову и Вучића и Гарашанина и да тако, сви заједно, дођу у касарну и одатле предузму шта треба против Скупштине.

Али, тек што се кренуло, ово одељење почело је наилазити на препреке и, што је даље ишло, препреке су бивале све веће. Те препреке биле су гомилице и гомиле народа. У тим гомилама били су не само оружани људи, већ и жене и деца. Све то је сметало кретању војске. Требало је уклонити тај народ с улице, па да се прође даље, али народ се није уклањао...

...Сами војници нису показивали богзна какву вољу да продру напред... И војска се заустави...

...Тренутак је био врло ризичан, јер је сваки час могла планути пушка, а тада нико више не би могао задржати гомиле да се љуто не покрве...

...Но, уто дојаха на коњу Ранко Алимпић и повика на војнике и грађане:

– Не, браћо, ако Бога знате! Немојте се крвити међу собом! Ено, погледајте тамо – показа руком на тврђаву и на аустријску страну преко Дунава. – Погледајте само, па ћете видети својим рођеним очима, како непријатељи српски стоје спремни да упадну у Србију и да је огласе као земљу буне и нереда, као земљу, која није кадра да сама собом управља и којој мора доћи туђин да јој заповеда и да је у запту држи!

Ове речи Алимпића биле су од великог утицаја и на војнике и на грађане. Војници спустише пушке, а свет се узе тако тискати око њих, да је њин војнички четвороугао (каре) ускоро био разбијен и свет се прогура унутра, где су се на коњима били склонили советници Ранко Матејић и Антоније Мајсторовић.

Продирући, свет одмах нападне советнике, оптужујући их да су они криви за целу ову гунгулу, јер су они кренули војску из касарне и подболи је да тражи повратак кнеза Александра Карађорђевића.

Неки од господе официра покушаше да заклоне господу советнике, али из гомиле се диже граја и повика, и с многих страна чуше се оштре речи и псовке.

Међутим, гомила скупљена око советника бивала је све већа и све раздражљивија. Већ су се чули узвици да се советници скидају с коња. И кад ови то не испунише, гомила их свуче и ту их повезаше, претећи да ће их тако терати Скупштини. Нису боље прошли ни официри, које такође бејаху нагнали да сиђу са својих коња, па су и официре ставили под стражу...

... Тако је кукавно завршен и овај поход за спасавање збаченога кнеза, и судбина Александра Карађорђевића, била је овим потпуно запечаћена...

...Видећи да присталице Карађорђа чине последње очајне покушаје да врате кнеза Александра, а знајући како је велики углед и значај Илије Гарашанина, те да би њега одвојили од Карађорђевића и придобили га за себе и за ствар Обреновића, Стевча, Грујић и остали њини реше се да изаберу привремену владу, која ће управљати земљом до доласка кнеза Милоша, и у ту владу да узму и Гарашанина. (То се дешавало на скупштинској седници док су у вароши текли описани догађаји). Ово је примљено с одушевљењем и тиме је утврђена привремена власт...

* * *

Редакција Малих Новина *обавештава своје штоване читаоце:*

(У броју 9, од 9. јануара 1903. године):

„*Роман* ЈЕДНО ПРОРОЧАНСТВО *састоји се из две књиге. Прва књига обухвата радњу око прогонства кнеза Александра Карађорђевића, и то је овде данас завршено. Друга књига обухвата повратак династије Обреновића на српски престо и ти описи тек сада имају да настану. У овом другом одељку долази и то значајно пророчанство, које се тада десило и по коме је цело дело и добило име* Једно пророчанство.

55

Сад ће бити два-три дана одмора, па 12. јануара почиње излазити друга књига, други део романа Једно пророчанство. *Ово јављамо ради знања наших штованих читалаца“.*

Други део романа Једно пророчанство почео је тек 19. јануара 1903. године одељком ПОМЕТЊА:

„Осванула је субота, 13. децембра 1858. године. Дан је био ведар и прилично хладан. Београд је изгледао доста необично. Иако је био пазарни дан, многи дућани у чаршији били су затворени, а на многима били су спуштени ћепенци, а отворена само врата. Отворени су били само омањи и сиромашнији дућани и радње, у којима су продаване намирнице и свакодневне потрепштине. Такве су радње биле: бакалнице, дуванцинице, ашчинице, пиљарнице и разне кафанице и пивнице, као и радње које су продавале оружје, барут и кремење...

... Још за раног јутра, улице су биле пуне света, где је било доста сељака из околине, а било је и других странаца, за које се одмах могло рећи да нису Београђани.

У овој шареној гомили нарочито су падали у очи и привлачили општу пажњу неки крупни, лепо одевени људи у народном руху, с везеним силајима и светлим оружјем за појасом. То су били махом народни посланици, или њихови пријатељи, угледнији људи из земље, који су на глас о династичкој промени у Београду, дојурили амо да виде шта је...

...Владала је још неизвесност – 13. децембра ујутру у Београду су народне ствари збиља стајале тако да се још није знало на чему су: да ли је обарање династије Карађорђевића, а васпостављање династије Обреновића већ готова, свршена ствар, или ће око тога још имати да се бори и ломи.

Децембра 10, у среду увече, кнез Александар Карађорђевић напустио је свој Конак и кришом утекао Турцима у град, не изјављујући ништа, да ли напушта престо, или се још мисли натраг враћати.

Децембра 11, у четвртак, београдски књажевски дворац освануо је празан. Кнеза није било, али није било ни његове оставке.

Тада је Народна Скупштина на своме састанку, који је држан тога дана, свечано прогласила да се кнез Карађорђевић збацује с престола српског, а кнез Милош Обреновић поново се враћа и уздиже на престо као владајући кнез Србије.

Дакле, један је кнез био оборен, а други подигнут, а до његова повратка изабрана је била привремена влада од три члана, који ће вршити књажевску власт и одржавати мир и ред у земљи.

То је било свршено за она три дана, од 10. децембра увече, па до 13. децембра ујутру, али за све ово знало се поуздано само у Београду, где је заседала Скупштина, која је ову ствар свршила...

...Ред је био да се скупштинска прокламација о промени династије одмах наштампа и по целој земљи службено објави. Али тако није учињено, и због тога је и у самом Београду још владала велика двоумица; да ли је нова струја коначно већ победила, или се још може вратити стари ред и старо стање.

Још већа пометња била је у унутрашњости Србије. Глас о династичкој промени пролетео је кроз целу земљу још 11. децембра, чим је проглашено збацивање Карађорђевића и повратак Обреновића. Пријатељи и приврженици Обреновића већ су радосно шапутали од уста до уста, како је стари књаз Милош опет подигнут на књажевски престо српски и како ће кроз Србију опет загрмети његов моћни глас!...

По многим приватним домовима, на тај рачун, већ се пило и веселило и свачија уста била су пуна само тих разговора о повратку Обреновића.

Но то се све дешавало некако покривено, склоњено, управо тајно, код приватних људи, али јавно још се није знало ништа поуздано, нити се ико усуђивао да с тим изиђе отворено и слободно.

57

Саме државне власти држале су се доста повучено. Оне су махом биле одане кнезу Карађорђевићу, и сад су побијале пронешене гласове о промени на престолу. Уосталом, друкчије нису могле ни чинити. Јер, ево, бејаше прошао и 11. и 12. децембар, па освануо већ и 13, а из Београда још није било никаква службена гласа ни јава, да је династичка промена извршена. Гласова је било свакојаких, али никакве службене потврде. А то је све стварало велику забуну и пометњу...

...То су сазнавали и Скупштина и нова привремена влада. Стога се приступило издавању скупштинске прокламације – 13. децембра, у суботу, око 9 часова, отворена је скупштинска седница. Посланици су били сви на окупу, а за мало, па дођоше и чланови нове привремене владе.

Гарашанин изнесе прокламацију, коју је био спремио, у којој се говорило да је, због одласка кнеза Карађорђевића, Скупштина морала предати књажевску власт привременој влади од три лица, која ће управљати земљом до доласка изабраног кнеза Милоша.

Даље се у прокламацији говорило, како ова влада, желећи да одржи мир и ред у земљи, потврђује све грађанске, црквене и војне власти у њиним службама и дужностима где се ко нашао, и позва цео народ да власти слуша, да им се покорава и њине заповести тачно врши. Сама, пак, влада обавезивала се, да ће радити „на основу благотворнога устава, који је Србији Бистителна Порта даровала, а велике силе потврдиле и гарантовале".

Најзад, у прокламацији изреком је било наглашено и то, да ће привремена влада земљом управљати у „сагласју са Државним Советом".

Оваква прокламација није се нимало допала ватренијим Обреновићевцима, јер није представљала право стање ствари.

У њој није речено, да је Скупштина кнеза Карађорђевића збацила и да је династију Обреновића вратила на престо књажевски са свима наследним правима. Многима се од посланика није допало ни то што су понова утврђиване биле све пређашње власти, иако је неке чиновнике требало збацити и казнити због њихова непријатељског држања према Народној Скупштини. Цела прокламација изгледала је као да хоће да забашури и да замаже велике промене које су извршене, и да представи као да се цела ствар тицала неке ситнице и да је свршена добровољно и по пристанку.

Стога, чим је прокламација прочитана, Јеврем Грујић примети Гарашанину, да у њу нису ушле многе важне ствари.

Гарашанин одговори:

– Нама је данас најглавније да одржимо ред и мир у земљи, да се избегну крвопролића. То, пак, најбоље се постиже овим што се досадашње власти остављају и утврђују на својим местима. Ако доцније затреба пречишћавање међу чиновницима разних струка, то се лако може и после извршити. Сада не би било паметно дражити људе изгањањем из службе. Што се тиче других ствари, као што су династичка права и друго, то се не може све уносити и побрајати у једној прокламацији.

– Али то је баш било најважније и то је требало рећи на првом месту – примети Грујић.

Гарашанин га одмери погледом од главе до пете, па после краћег ћутања, рече:

– То тако ти мислиш, али ја не могу радити по твојој памети, већ по својој...

... Скупштина је једногласно примила спремљену прокламацију...

... Сутрадан, у недељу, 14. децембра, Народна Скупштина отворена је као и обично, и одмах је предузела своје послове. Између осталог, на реду је било и то, да се изабере депутација која ће отићи у Влашку, да отуда доведе кнеза Милоша. Уз то, ваљало је написати и молбу Султану, где би била изражена жеља Народне Скупштине, да Султан потврди Милоша Обреновића за наследног књаза српског. Сем тога, јавила се још и мисао, да се Бео-

грађанима изда нарочита благодарност, која ће би-
ти записана у протокол скупштински.

* * *

Кнез Александар Карађорђевић је био изгубио
сваку наду о свом повратку на престо.

Тако је дочекан и 22. децембар. Тога дана, у су-
боту, дакле, баш онда, када је народна депутација
упућена у Букурешт по кнеза Милоша стигла у Кла-
дово, у Београду се озбиљно покрене питање, шта
да се чини с кнезом Александром и какве мере да
се предузму, како би он што пре отишао из Србије.
Буде решено да цео Државни Савет иде у град
Осман-паши и Кабули-ефендији и да од њих траже
да се кнез Александар што пре удаљи са српског
земљишта.

Тако буде решено, па тако и учињено.

... Советници добију обећање султанових пред-
ставника у Београду, да ће раскнез Карађорђевић
за мало дана отићи из Београда.

Да је и сам кнез Алексадар увиђао да му нема
друга излаза и да је одлазак из Србије неминован,
најбоље се види по томе, што се ово обећано тур-
ско „неколико дана" претворило вољом самога Ка-
рађорђевића у „неколико сахати".

И доиста, тог истог дана, у три часа по подне,
збачени кнез српски Александар Карађорђевић
седне на аустријски пароброд и пређе у Земун на
аустријску страну.

Двадесет година доцније, на једном банатском
спахилуку, могли сте видети једног пуног, здравог
старца, избријане браде, обучена у обично чохано
рухо, какво носе тамошњи богатији сељаци, где, с
лулом у зубима, иде крај пуних кола сена, или седи
горе на сену и одатле разговара влашки са својим
радницима, који аргатују на његовом спахилуку.

Тај старац је био некадашњи кнез српски Алек-
сандар Карађорђевић.

* * *

Народна Скупштина имала је 2. јануара два састанка. На састанку пре подне прочитана је депеша кнеза Милоша, у којој он јавља да ће изаслана депутација скупштинска стићи у Букурешт тек стура, 3. јануара, и да раније није могла због рђавих путева.

Много важнија и значајнија била је седница држана тога дана пред ноћ. Ту седницу сазвао је сам председник Скупштине, капетан Миша. Он је на њој објавио велику и радосну новост.

— Данас пре подне, добијем позив од Осман-паше, који ми јавља да одмах одем њему у град. Не знајући зашто ме зову, ја одмах одем и упутим се право у конак Осман-паши. Уђем у дворану, где је већ било више других гостију. Био сам изненађен видећи ту све наше министре, све чланове привремене владе, као и председника и потпредседника Државног Савета.

— Кабули-ефендија — настави капетан Миша — дочека ме љубазно и одмах, ту пред свима, објави како има да нам саопшти једну важну и радосну вест, и како му је из Цариграда нарочито поручено да то одмах учини. И он одмах и каза у чему је ствар. У Цариграду на Високој Порти уважене су и одобрене жеље народа српског. Велики падишах, у неизмерној милости својој, потврђује Милоша Обреновића за наследнога кназа српског и већ је издао потребне наредбе за писање царског фермана, којим се кназ Милош утврђује у свим својим правима. Признање династије Обреновића, дакле, свршен је факат и то се већ може објавити целој земљи и целом народу српском...

У роману Једно пророчанство, *даље се описују припреме за повратак Милошев: боравак депутације у Букурешту, постављање књажевог намесника до повратка, а у земљи даљи скупштински послови:*

61

„Међутим, кнез Милош спремао се за пут. По његовој заповести учињен је био корак код дунавског пароброднog друштва да се добије један паробрoд за путовање. И, доиста, кнезу Милошу буде стављен на располагање паробрoд „Сечињи", који га је чекао у Ђурђеву и на коме се он и кренуо...

После двадесет година, кнез Милош је сад, у Радујевцу, опет стао ногом на српску земљу. Било је то 11. јануара, у недељу, 1859. године."

У Србију се, 14. јануара исте године, вратио и кнез Михаило (Мијајло), син старог књаза.

Затим је у роману опширно описан свечани дочек оца и сина у Београду.

Последњи наставак романа Једно пророчанство *изашао је у* Малим Новинама, *6. маја 1903. године, са поглављем „Најбоља пријатељица", које преносимо у целини:*

О доласку ове бабе било је мало шушкања у кнежевом двору. Прво, пала је у очи сама баба својим отменим изгледом и држањем и својим особитим тактом и отменошћу, иако је била проста сељанка.

Даље, пала је у очи она пажња, коју је кнез овој жени указивао, као и онај дуги разговор у четири ока. Најзад, одмах после доласка ове жене, кнез Милош је издао неке наредбе које су морале стајати у некој вези са разговором који је кнез са бабом имао, а све то био је довољан повод да послуга дворска наоштри уши и заоштри језичић!...

Поглавито им је замакло за очи то, што је кнез Милош о тој баба-Јоки рекао кнезу Михаилу:

„Видиш ли, сине, ову старицу? Ово је једна поштена душа. Пољуби је у руку; то је најбоља пријатељица куће наше."

Ове речи кнежеве дочује момак, који се у тај мах десио у побочној соби, и то је било довољно да се међу послугом створе читаве скаске. Свак се зачуђено питао, откуд то, да најбоља пријатељица буде једна обична, проста сељанка?

Међутим, том приликом кнез Милош рекао је кнезу Мијајлу (Михаилу) још и нешто више и важније, што послуга није чула. Али сам кнез Мијајло придавао је тој ствари толики значај, да је о њој још истог дана увече саставио нарочиту белешку, која је доцније нађена у хартијама кнежевим. Један део те записке гласио је овако:

„Бабо (отац) је и раније веровао у судбину и држао да бајања, мађије и врачања имају неку силу. То је у нашем народу доста раширено. Али, што је старији, код Баба је бивало све веће ово сујеверје. Тако он сада верује да су његовом повратку у отечество много помогле и разне враџбине, које су чињене у Влашкој. Јутрос је Бабо ишао нарочито у Топчидер, с једним свештеником, и ту су ослободили из зида једну освештену нафору, коју је Бабо сакрио и зазидао у једном чекмеџету, још 1839. године, кад је одлазио из Србије са заветом да је ослободи ове тамнице кад се опет у Србију врати. И он верује да је ова нафора много помогла његовом повратку. Ја не могу да верујем у те ствари. Али мора се признати, да бива и таквих случајева, који се не могу протолковати обичним редовним путем. Има још много тајни и непознатих ствари у свету. Ево, и овај случај, за који је јутрос причала ова стара, рудничка баба Јока. Кад прођу ови силни доласци и навала света, те имадем више времена, баш ћу позвати тога човека Милоша Тарабића (пророка из Кремена – прим. Б. Ј.), да га видим, да чујем казивање из његових уста и да се ја с њим разговорим. Зато сам и записао овај случај и баба-Јокино казивање да га не заборавим“.

Овако се завршава овај запис кнеза Мијајла (Михаила).

Шта је, пак, испричала баба Јока, и какав је то био загонетан и важан случај, о коме се овде наговешћује, то ћемо видети у трећем и последњем одељку ове наше књиге.

На крају друге књиге романа, уредништво Ма-
лих Новина обратило се читаоцима, не слутећи
догађаје који ће наступити:

„Нашим штованим читаоцима. У излагању ове
наше повести дошли смо до тачке где настаје
опис онога пророчанства, по коме је и названо ово
дело именом ЈЕДНО ПРОРОЧАНСТВО.

Но ово причање неће бити продужено у идућем
броју, већ се одлаже за први јуни о. г."

Трећи одељак *Једног пророчанства* никада није
изашао, јер је у међувремену краљевски пар Алек-
сандар Обреновић – Драга Машин натерао Перу
Тодоровића, уредника и власника *Малих Новина,*
да прекине објављивање подлистка, а потом се, 29.
маја 1903. године, збио атентат на краљевски пар.
Ипак, Тодоровић је у разговору са краљицом Дра-
гом, у танчине испричао шта зна о Креманском
пророчанству.

ЗАБРАНА

Још док је Једно пророчанство *излазило као йодлисшак у* Малим Новинама, *краљ Александар Обреновић йозове Перу Тодоровића на разговор. Овај драмашични разговор Тодоровић је објавио у* Огледалу *(1903. године), йосле мајског йревраша и убисшва краљевског йара.*

У 1902. години, у *Малим Новинама* почео је излазити подлистак „Једно пророчанство". Наскоро затим, једног дана, позове ме краљ к себи и после подужа разговора о другим стварима, он ме упита:

— Ама ви сте почели у *Малим Новинама* износити некакво „пророчанство!" Што ће вам то?

— Па, Величанство, занимљива је ствар; свет се интересује, а и сам догађај има историјске важности. Г. Чеда Мијатовић написао је о томе пророчанству један извештај у *М. Новинама*, па су сви ти бројеви просто разграбљени.

— Верујем — рече краљ зловољно. — Јагми се светина! Њој само да су чудеса и пророчанства! Па ипак би боље било да ви то прекинете и да више не пишете о томе.

— Али зашто, Величанство?

— Зато што је најбоље све то напустити. А и што ће вам да баш о томе пишете, кад имате пуно других ствари? Па онда, ту се, чини ми се, нешто помиње о мени, ако се не варам чак се и о краљици нешто прориче. Је ли тако?

— Тако је, Величанство.

– Па кад је тако, онда што ће вам то? – рече краљ прекорно. – Непријатељи и онако једва чекају да измисле и рекну какво зло, а ви сад чисто као да им помажете, износите и ви нове сумње, слутите и ви неко зло и несрећу, и тиме им таман идете на руку.

Краљ је ово изговорио оштро и набустио и ја сам се морао подуже правдати и уверавати га, док сам једва мало сузбио овај његов прекор.

Разложио сам му, како се баш ћутањем шире рђави гласови и у народ се уносе свакојаке слутње и празноверице. Свет је нешто начуо о том пророчанству за династију Обреновића и јако се заинтересовао за то. Ако само ми ћутимо, неће ћутати они који му не мисле добра. Они ће се користити овом приликом да у народ протуре баш оно што не треба. Стога је боље да говоримо о томе ми пријатељи, јер ми ћемо опет ствар представити блаже и наћи ћемо пута и начина, да и оно што је зло у том пророчанству окренемо на добро. То су биле побуде које су и мене навеле да пишем о томе пророчанству.

– Па како ћете га окренути на добро, кад се ту прориче пропаст моје династије?' – рече краљ опоро, па онда понови два пута – Прориче ли се то?... Прориче ли се?...

– Прориче се, Величанство, али ја ћу то опет некако ублажити и на добро окренути...

Краљ ме пресече: – Врага ћете ви ту на добро окренути!... и најбоље је било да ви то нисте ни потезали!...

– Ја вас опет уверавам, Величанство, да ће то у моме подлистку испасти лепо. Ето, читајте редом, па ћете се и сами уверити. А сад да прекинем било би врло незгодно, и баш то прекидање изазвало би велику радозналост и свакојака нагађања и сумњичења.

Краљ је ћутао замишљено, и на ове моје речи позадуго не рече ништа. После додаде полако:

– Најпосле, ја за себе баш толико и не марим. Али краљицу то јако дира. Мораћете отићи до ње да се извините и да јој то објасните. Она тај ваш подлистак врло рђаво цени и много вам замера на њему. Неколико пута већ говорила ми је о томе.

* * *

Нисам одмах, али сам после дугог, дугог времена, ипак морао отићи и краљици Драги. Она ме дочека стојећки и подуже је тако са мном разговарала.

– Право да вам кажем, г. Тодоровићу, срдим се на вас. Пре сам ваше *Мале Новине* у сласт читала, а сада, кад који број узмем у руке, увек стрепим, да у њему не нађем како сте почели већ износити оно проклето пророчанство.

Збуњен овако опорим предусретањем (иначе краљица је умела бити веома љубазна при дочеку), ја нисам знао шта одмах да одговорим – а краљица продужи:

– Па за себе толико и не марим. Ја сам на то већ огуглала и мало друкчије гледам на те ствари. Али за краља ме срце боли. Он се сиромах просто искида. Још се бојим, навући ће неку болест на се. Сваки дан напуне му главу којекаквим доставама, па сву ноћ не може да трене од тешке бриге. Просто ће га убити та несаница, која ево већ месецима траје!...

Међутим, ја се већ бејах прибрао те приметим:

– Забога, Величанство, шта ви то говорите?! Зар моји подлисци не даду краљу мирно спавати?.. То би наопако било, ако је тако, али ја чисто...

Краљица ме пресече: – Та нису баш само ваши подлисци, него мало они, мало друге доставе, тек краљу доста да га узнемири и да му сан одагна. После шта не чиним да га умирим, али све бадава. Живци му се раздраже, па често не може ока свести. Више пута чак и зора забели, а он још није ни

67

тренуо. Тек кад се дан укаже, он се мало смири и заспи, па и то није никакав сан: све се трза и преза. Богами, грдан грех чините, господине Тодоровићу!...

Ја сам био збиља изненађен овим чудним причањем краљичиним и рекнем јој:

– Ја вас покорно молим, Величанство, да ме извините, просто ни појма нисам имао о овоме што сад од вас слушам. Још краљ мени вели, како он не мари толико за себе због мог подлистка, али да главно ви устајете против тога, и због тога сам и дошао к вама, да вам ствар објасним и да се извиним.

Краљица се жалосно смешила: – Наравно, краљ неће пред вама... – краљица се поправи – а и ни пред ким то да говори, али истина је да њега по неке ствари необично дирају. Ето, на прилику, ви нисте знали што се краљ онолико на вас наљутио, када сте приликом моје просидбе, у вашим *Малим Новинама,* одмах испод наших слика, донели чланак у црном оквиру и крстовима, у коме се говорило о убиству краља Умберта.

Ја је поправим да чланак није био у црном оквиру. Она продужи живо:

– Па била је дебела црна линија и крстови – довољно то, ту одмах испод наших вереничких слика говорило се о убиству, о крви, о погребу, о смрти, а краљ не може да трпи такве разговоре и не мари да чује ништа што се на смрт односи и смрти се тиче. Чим се такве ствари помену, он се чисто најежи, просто му се смучи, као оно кад човек види змију, гуштера или тако нешто, од чега се грози. То није страх, него, како ћу рећи, као неко гађење!... И то је просто у природи његовој. Ето, ја сам покушавала да га на то навикнем, али просто не иде... Наравно, ја вама ово говорим у поверењу, јер знам да сте наш пријатељ...

Тек сада краљица понуди и мене да седнем, а и сама се спусти у фотељу, па продужи:

— Јест, господине Тодоровићу, ја вас сматрам као нашег пријатеља, и баш због тога и хоћу да вас упознам с понеким стварима, јер сам уверена да ви ту грешите нехотице. Тако и онда... баш онда кад сте у *Малим Новинама* донели наше слике, и кад је био онај лом због тог вашег чланка о покојном талијанском краљу, ја сам вас и тада бранила пред краљем и доказивала да је тај чланак испод наших слика дошао случајно и да вама није ни на памет падало да тиме нас врећате. Али краљ није хтео чути. Он је био тврдо убеђен, да сте ви то учинили за инат њему и мени, и да сте нарочито хтели да наше заручење доведете у везу с убиством, крвљу, смрћу, несрећама уопште.

— Забога, Величанство, како је Краљ могао тако што и помислити? Онда он просто мене и не познаје! Да радим нешто њему и вама за инат!... Шта сте ми ви били криви, а и какав би то био инат?...

Краљица ме пресече и рече смешећи се:

— Е, е, онда сте ви мене по мало мрзели, признајте. Краљ је онда мени све причао, шта сте му ви о мени рекли. Па ипак, за то ја вама нисам много замерала и бранила сам вас пред краљем.

— Па нисам ни онда, Величанство, ништа ружно рекао о вама. Додуше, рекао сам то, да нисте Краљу прилика и да са вама неће имати порода. Али, ја сам тако онда био убеђен, Величанство, и молим вас да ми то не замерите.

Краљица се смешила.

— Ја сам то одавно већ предала забораву, господине Тодоровићу, можете бити потпуно безбрижни.

— И верујте ми, Величанство, све што сам онда рекао Њ. В. Краљу, потицало је одавде, са срца, и говорено је у јединој жељи за добро и срећу краљеву.

— Ја то потпуно верујем, потпуно верујем... Па баш с тога, што знам да сте наш пријатељ, ја вам овако слободно и говорим ове ствари, да знате како је, и да не грешите често и нехотице. Краљ неће да призна то, неће ни да говори пред другима о тим стварима, али у истини он је врло узнемирен овим разним доставама и дошаптавањем са разних страна о некаквим заверама, атентатима и другим несрећама. Кажем вам, он то неће да рекне, не признаје, а најзад право и има, господине Тодоровићу, он је краљ и како би то изгледало да он рекне: „Бојим се, страх ме"... Боже сачувај, он то никада неће изустити и признати! Али у истини он је и врло забринут и врло узнемирен, и баш с тога, дужност је свију његових истинских пријатеља да учине све што могу за његову сигурност и његово умирење. О томе ћете и ви водити рачуна, па ћете, надам се, што пре прекинути ваш подлистак *Једно пророчанство.*

— Учинићу све што треба, Величанство, али ја не знам и просто морам да се дивим, шта ви то налазите тако страшно у том мом подлистку! Бар у овоме што је до сада изишло нема апсолутно ничег незгодног. Напротив, ту се баш велича династија Обреновића; прича се како је прогнан кнез Карађорђевић и како је цео народ тражио повратак свога „старог књаза Милоша".

Краљица прихвати: — Опет вам кажем: није оно што је до сада изишло, већ оно што тек има да изиђе. Краља плаши оно црно пророчанство, а мене једи, откуд сте нашли да о томе пишете баш сад, када нам и иначе с других страна толико прете и свако зло слуте и желе.

— Али, забога, Величанство, ја сам баш зато и узео да пишем о томе, да то, како ви рекосте „црно пророчанство", мало улепшам и дотерам; да разблажим онај тешки утисак, који би оно иначе морало оставити у народу. Ја сам и краљу о томе говорио.

Краљица ме упита, да ли би се то пророчанство збиља дало мало улепшати; рече како је она о њему разно слушала, и замоли ме да јој бар укратко испричам шта ја о томе знам.

Упитам је да ли је читала оно што је о томе господин Ч. Мијатовић писао у *Малим Новинама,* пошто је то најбољи извештај о тој ствари.

— Читала сам — рече ми краљица — али ту је господин Мијатовић прекинуо ствар баш онде где је она од највећег интереса. Он је испричао шта је проречено до наших дана, до доласка на престо краља Александра, па ту стао. А нас, наравно, највише интересује баш то, шта је за нас проречено, дакле, шта ће бити с нама и шта ће доћи после нас? Зато вас молим испричајте ми шта ви о томе знате. Али, причајте све, апсолутно све, немојте ништа крити ни прећуткивати.

ОТКРИВАЊЕ ТАЈНЕ

Тако прозван, краљици сам испричао ово:

У ужичком округу постоји село Кремна, а у том селу, у прошлом веку, живео је човек по имену Матеја.

И у свом селу, и у целој околини Матеја је био познат као човек који је мало шенуо памећу, али човек миран, који никога не дира.

Маја 28. године 1868, Матеја оде у оближњи окружни град Ужице, куда је чешће одлазио, и тога дана поподне, ту усред ужичке чаршије и на видику толиког света, он нада вику и дреку, колико га грло носи:

„Хај... људи!... Браћо!.. Не дајте, ако Бога знате, убише нам владаоца, убише нам књаза!... Гле како крв тече! Ух, ала је страшно!... Крв... крв. Тешко нама! Куку нама! Погибе нам књаз Михаило!"

На ове моје речи краљица се стресе:

– Господине Тодоровићу, збиља је страшно! Како је морало бити том јадном човеку када је, у свом видовитом лудилу, све то као на јави гледао!...

Ја продужим:

„Велика гомила људи искупила се око овога човека. Питали су га што се дере? Он је објашњавао како види да убијају књаза.

Дошла је полиција. „Лудака" су прво псовали, па га после и ухапсили. „Опорочавао владаоца"... Кад сутрадан, а из Београда стигоше црни гласови да је књаз Михаило, 29. маја у Кошутњаку погинуо и грдно искасапљен био.

У почетку посумњају да Матеја није откудгод био у завери. После су се уверили да то не може бити и пустили су га у слободу.

Али тим поводом, на саслушању код власти, Матеја је казао и многе друге ствари, које од тога доба важе као страшно пророчанство, од кога се један део већ испунио, али од кога се други део неће испунити, ако буде божја, а не врашка сила!

Слушајући ову моју причу, краљица је била бледа и врло замишљена, управо жалосна. Она рече тужно:

– Молим вас, причајте даље. Шта је прорекао даље?

– Тога човека, Величанство, доцније су доводили чак у Београд. Он је саслушаван у Министарству унутрашњих послова, па га је саслушаво и дуго с њим разговарао и сам Краљ Милан. И на крају крајева, из свих тих његових саслушања и причања, излазило је ово:

„Кнез Михаило гине, а њега ће наследити његов рођак „који ће Србију намучити, али ће је и краљевским венцем венчати – она ће под њим да порасте и ојача“...

Он сам, лично (тај наследник Михаилов) „метнуће на главу круну краљевску, али ће бити зле руке и зле среће... Умреће у најбољем добу“...

„Имаће сина јединца, који ће бити још горе среће“.

Ја мало застадох. Краљица ме, онако некако, испод обрва погледа својим великим, живим, сјајним очима и подуже ме тако гледала ћутећи, те и ја заћутим. Краљица ме опомену:

– Причајте, причајте!...

Ја наставим: „Имаће сина јединца! И тај син јединац биће још горе среће но што му је и отац био... Неће имати од срца порода и умреће млад, врло млад, неће напунити ни тридесет година!“

Краљица уздахну: „Забога, господине Тодоровићу, зар баш тако стоји, да неће напунити ни тридесету?!"

– Величанство, ви сте ми заповедили да све казујем и да ништа не кријем.

– Казујте, казујте, молим вас.

Ја продужим:

– Свршиће врло млад и „с њим ће се угасити његова свећа!"

Краљица ме пресече: – Шта то значи „угасиће се његова свећа"?

– Значи, Величанство, угасиће се она свећа, која се у његовом дому о слави пали, то јест: изумреће његова лоза, неће више бити Обреновића!

– Даље, даље – рече краљица.

Ја наставим: – Угасиће се његова свећа!... А затим ће Србијом завладати друга лоза. Али ни она неће бити дуговечна. Изродиће се унутрашње борбе и крвљења, доћи ће метежи и међусобни сукоби, и страна, туђинска, непријатељска сила завладаће Србијом и душмански ће притиснути род српски. И настаће тако страшна и несрећна времена, да ће живи, пролазећи поред гробова предака својих, ту застајати и сузни уздисати:

„Отворите се гробови, да и ми живи у вас легнемо! Благо вама што сте помрли, те бар својим очима не гледате бруке и јаде наше!"

А кад се народ српски добро намучи и напати; кад престрада све оно, што је Христос на крсту престрадао, онда ће се из средине народа из сиротога дома и од простога рода српског јавити човек, који ће свој народ дићи, повести, ослободити и ујединити тако, да сви Срби буду заједно и да буду сами своји господари, како никад пре нису били. И онда ће настати тако миран и срећан живот, народ ће живети тако задовољно, да ће људи, пролазећи поред гробова предака својих, узвикивати радосно:

„Устаните мртви да живимо!"

— Ето, Величанство, ово је то црно пророчанство!

Бледа и дубоко замишљена, нема и непомична, краљица је као скамењена седела у својој великој столици. Само су јој очи севале и необично живо сијале, кад би их од времена на време подигла.

Ћутао сам и ја, јер после испричаног пророчанства нисам знао шта да почнем. Најbadаред краљица подиже главу, заустави на мени онај свој чудни, сјајни поглед, и, пошто ме тако дуго и немо гледала, она уздахну дубоко, врло дубоко и рече скоро шапатом:

— Страшно пророчанство!... Ужасно пророчанство... Неће доживети ни тридесету годину!... А сада му је тек двадесет седма! Значило би једва још три године! То би било ужасно... ужасно! Свемогући Боже, је ли то могуће!

Краљица је ово изговорила испрекидано, тихо, промуклим, сломљеним гласом, и изгледало је као да сама себи говори. Па онда наједаред клону, чисто као да се смањи и спаруши, спусти главу у шаке, и тако сломљена, скрушена, она је дуго ћутала, а ја сам, седећи мало устрану, видео њен затиљак и њен гојазни, бели, обли врат.

У том тренутку бејаше ми је необично жао. „Боже, да ли не плаче?“ — дође ми у памет.

И доиста, кад краљица мало после подиже главу, њене сјајне очи биле су влажне од суза. Мени дође на ум да би ред био да је охрабрим, да рекнем какву утешну реч. Али, зачудо, мени у том тренутку ниједна таква реч није могла прећи преко језика. И место какве утехе, ја рекнем:

— Има још нешто, Величанство! Једна ситница...

— Има још? А шта? Шта има још?

— Има то, Величанство, да ће онај човек из народа, што ће доћи да избави отаџбину, опет бити по далекој, далекој вези од лозе Обреновића. „Пророк“ је рекао: „То ће бити као кад из суха, огорела пања опет избије млада, сочна шибљика. То ће бити од једне далеке, далеке жилице, која се чак тамо негде дубоко у земљи сачувала".

Краљица тужно климну главом:

– Мало утехе за нас, господине Перо!

– Зачудо, Величанство, тај чудни „пророк" чак је и телефон прорекао, па чак и државно уређење Србије.

– Како то? – заинтересова се краљица. – То нисам ни од кога чула.

– Јест, Величанство, на једном месту он говори, како ће се краљ саветовати са својим доглавницима, па вели: „краљ ће бити у Београду, а његови доглавници у Неготину, Нишу, Пироту, Врању, Прокупљу, Ужицу, Лозници, па ће се тако разговарати". Иследник га пита: „Ваљда мислиш разговараће се преко телеграфа, јер како би друкчије?" – „Није, није! – одговара видовњак. – Разговараће се наусмено, овако као што ја и ти сада говоримо, својим гласом и речима". – „Па како то може бити да својим гласом он говори из Београда, а они из Ужица и Неготина, па опет да се чују?! То није могуће! А после, ти помињеш Пирот, Ниш, Прокупље, Врање, а та су места преко границе, у Турској?!" – „Сад су у Турској, али онда неће бити" – одговара видовњак. – „А за разговор, ако сад није могуће, онда ће бити могуће и људи ће се онда тако разговарати".

– Чудновато! То, видите, нисам знала! – рече краљица живље и радознало. Али одмах затим она се трже и додаде тужно: – Тешко мени! Јер баш ово прорицање телефона и ослобођења, ако је истинито, најбоље показује да ће се испунити и све остало што је прорекао. Него, да ли је тај човек све то баш у истини говорио, како се сад прича? Јер знате како је, господине Тодоровићу, човек рекне једну, а после се наплете стотину што никад није ни мислио. Па можда је тако и овде?

– Па, можда је, Величанство, и даће Бог да се ова зла прорицања, бар односно Њ. В. Краља не испуне. Што се пак тиче истинитости, ја сам чуо да о томе постоје акта у Министарству унутрашњих или Спољних послова, и да је то било скупљено у две нарочите фасцикле, које је доцније и краљ Милан узимао и нарочито их амо у двор доносио, да их овде разгледа.

Краљица рече да ће наредити да се то потражи и извади. Али то би морала учинити кришом од Краља, јер је она још и раније то хтела, али се бојала да би то њега још и више узбунило, кад би све то нашао и прочитао у тим старим актима.

После ових речи краљица се прену, као да се нечега сетила, и рече:

– А, збиља, ви о мени ништа не рекосте! А ја сам чула да је у томе пророчанству и о мени реч.

– Колико ја знам, ту се говори само како ће се краљ оженити једном грађанком, Српкињом, и како ће она потпуно поделити његову судбину.

Краљица рашири руке и рече кроз плач:

– Јао, Боже! Ја и не тражим ништа друго, но да с њим поделим све... све, јер чини ми се и отров би ми сладак био, кад га с њим пијем. Али, забога, господине Тодоровићу, је ли могуће да је тај умоболни човек тако све до ситнице прорекао, па чак и то како ће се краљ оженити?

– Па женидба није ситница, Величанство. Нарочито кад се један краљ жени – рекох, тек да имам шта рећи.

– Знам... разумем. Али ми сами, краљ и ја, то нисмо насигурно знали до оног последњег часа. А то на тридесет и две године унапред прориче један суманути Ужичанин! Забога, је ли то могуће?

Слегох раменима:

– Не знам, Величанство!... Тако причају људи којима би се морало веровати. А најбоље наредите поверљиво, да вам се та акта свакако нађу. То ће вам бити најбоље уверење.

* * *

Да ли је јадна и несрећна Краљица Драга наређивала да јој поменуте хартије нађу и шта је она у њима нашла и прочитала, то не знам. Али, „црно пророчанство" „суманутога" Ужичанина испунило се дословце, закључно до краља Александра, с којим је славна и заслужна лоза Обренова заиста из корена ископана.

(*Огледало*, 1903. година,
свеске 10 и 11, стране 122–141)

ПИСМА КРАЉУ

Пера Тодоровић, блиски пријатељ куће Обреновића, током владавине краља Александра имао је с њим многе сусрете, у којима га је и тешио, и саветовао, и упозоравао, али је к томе написао краљу и многа писма и „записке" са истом намером.

После убиства краљевског пара, 29. маја 1903. године, у јесен исте године Тодоровић је покренуо Огледало, *у коме објављује та писма под насловом* „Шта сам писао краљу Александру?" *и важну „записку" насловљену* „Како је у Србији?"

У моме првом писму, упућеном краљу Александру – пише Тодоровић у 81. свесци *Огледала* 1904. године – исказано је једно злослутно пророчанство, које се, по несрећи, прошле 1903. године потпунце и испунило.

То моје писмо гласило је овако:

„Господару!

Да сте овде у Београду, покушао бих да лично изађем пред Ваше Величанство. Овако принуђен сам да се послужим писмом и покорно молим да ми Ваше Величанство не замери за ову и оволику слободу!

Господару!

Наш народ створио је изреку: „Правда држи земљу и градове!..."

И доста! Ма како да су велики недостаци савремена културног друштва, оно се ипак држи на правди и поштењу и морало би се срушити, да једног дана претегну супротне особине.

Стога и земаљски закони и добре нарави траже од нас да будемо поштени и праведни људи.

Међутим, како је то данас тешко! Потребно је читаво јунаштво да когод може бити обичан, поштен човек.

А то је зло! То значи да је оно друштво у моралном распадању, где тако бива.

На жалост, изгледа као да је наше српско друштво на најбољем путу да се стрмоглавце отисне баш овом опасном моралном низбрдицом.

Но ево дела, Господару, па цените сами.

Господару! Узео сам био да расправим једно мучно и тугаљиво питање, које се код нас деценијама повлачи под именом „династичког питања“. Такав назив и ја сам му дао у мом листу и намера ми је била да о династичком питању напишем низ чланака, да га расправим поштено и правично, и да искрено и отворено кажем све, како мислим и како у истини те ствари стоје.

А баш стога, што би се искрено и поштено изнело све, та би расправа морала испасти у корист Вашу – у корист Династије Обреновића, пошто је она заиста највише и учинила за ову земљу.

А шта бива?!...

Тек што сам отворио уста, тек што сам изустио прву реч, и написао први чланак под именом „Карађорђе“, а мене ево предусрете неодобравање, осуда, па чак и претња мога Господара.

Да, Величанство, тек што сам проговорио, а нада мном се небо натуштило и почиње страшно севати. Из Ниша добијам најцрње гласе. Краљ је необично љут на ме. Жали се да сам неискрен према њему и да сам подмукла присталица друге династије. Чак ми прети да ће просто забранити да се нигде у Србији не смеју штампати моје новине.

Тако поступа мој краљ! – тако радите Ви, Господару.

А краљ отац!

Он поступа још и лепше. Напунио џепове 253. бројем *Малих Новина* од прошлога четвртка, па где год кога сретне од мојих бољих познаника, пружа му тај број с речима:

– Ево ти твога Пере! Ево види за ким њега срце боли. Претекао је најцрње карађорђевце. Он покушава сад, да Карађорђа чак међу свеце прошверцује.

– Ево, Величанство, како се на ме подигла читава бура од тужаба и осуда. И можете мислити како је мени кад чујем да је главом сам краљ узвикнуо: „Уништићу и њега и његове *Мале Новине...*"

А краљ отац, место да стишава младићску бујност, још је више распаљује.

А зашто све то, Величанство?

Једино зато, што сам се усудио да о Карађорђу рекнем искрену, поштену и праведну реч, и то о оном истом Карађорђу, коме сте и Ви сами венац на гроб положили.

Али, краљ Милан као да се сад каје за ту глорификацију прошлости. Њему сад тај Ваш поступак изгледа као тешка политичка погрешка, док у истини, то је било и остало лепо дело истинскога благородства Ваше млађане душе, и дело великог политичког такта, које ће оставити најлепши утисак и у земљи и на страни.

Тако сам, Величанство, чак и „шверцер" постао, и то нека нова врста рајских шверцера, јер, ето, покушавам „да Карађорђа у свеце прошверцујем". Као да у повесници когод може од некога направити оно што он није! Карађорђа народ слави и велича. Ја сам поменуо само један истинити факат, забележио једну историјску чињеницу.

Откуда сад оволико зазирање од историјске истине?

Какво је ово вечито страховање од мртве прошлости, и од наших најлепших успомена из ње?

Када ће се једном привикнути носиоци краљевске круне српске, да са висине свог сјајног престола, бар историјској истини увек слободно и отворено гледају у очи, ако већ још не могу да се свикну на опорост суврмене свакидање истине, која је често збиља врло горка, али увек врло корисна и спасоносна баш за та најузвишенија места?...

Господару, само људска ништавила без икакве цене и вредности, траже своју славу и своје узвишење у туђој срамоти и туђем понижењу...

... Можда би ми одговорили како се Карађорђевићи користе сваком приликом да славу и признање Карађорђевој успомени експлоатишу за своја роварења против династије Обреновића.

Зашто онда није причекано бар толико, да се чује шта ћу ја о томе рећи, па већ после, ако ме краљотац ипак стане осуђивати, да, бар има зашто.

Али не! Бура се дигла чим сам ја изустио име Карађорђево, дајући му оно што му по историјској правди припада (...)"

Ето, ово је моје прво писмо упућено краљу Александру у Ниш, у суботу, 10. септембра 1894. године.

* * *

У 92. свесци Огледала *из 1904. године Пера Тодоровић пише под насловом „Како је у Србији" и обавештава читаоце:*

У прошлих десет свезака Огледала, почињући од свеске 82. па до 91, изнео сам записку под насловом „Шта сам писао краљу Александру".

Као што су штовани читаоци могли видети, у тој записци сам ја нагласио потребу, да краљ што пре истакне програм државни и изнео сам своје начелне погледе, какве би требало да буду наше унутрашње реформе, и како је прека потреба да се оне што пре отпочну.

Та записка предата је краљу 1. децембра, дакле, већ при крају 1902. године.

Само три-четири месеца доцније, ја сам имао прилику да предам краљу још једну записку, („Како је у Србији?“), која у неколико допуњује ону прву, иако је, иначе, имала сасвим друкчију, практичну задаћу.

Та записка била је уједно и мој последњи извештај, писан покојноме краљу, и стога је од живља интереса.

Као што сам извештен, и ова записка нађена је у хартијама краљевим.

* * *

У овој опширној „записци“ Пера Тодоровић, између осталог, краљу пише:

По жељи Вашег Величанства, ја сам у другој половини прошлог месеца пропутовао неколико средишњих округа у Србији, и то поименце округе: београдски, смедеревски, моравски, крушевачки, чачански, руднички и крагујевачки.

На пут сам се кренуо 13. марта, у четвртак, пошто сам претходно посетио смедеревску Јасеницу, а вратио сам се 23. истог месеца, у недељу.

На томе путу састао сам се с виђенијим људима из све три странке (напредњаци, радикали, либерали) и с многима водио опширне разговоре о данашњим приликама и неприликама нашим, а тако исто општио сам и с органима власти. Нарочито, пак, старао сам се да дођем у додир с угледним људима из самога народа, који нису помешани у наше партијске борбе, али који баш стога и представљају погледе и мишљења најближа народу.

Циљ је овоме путовању био да се сазна право, истинско политичко стање и расположење у земљи, као и то, би ли се ова влада могла упустити у изборну борбу и с колико изгледа на успех? Али, уз овај главни задатак приплели су се и други споредији, но ипак важни задаци.

Тако је најзад изашло, да би требало писати читаву књигу, да се овај пут опише у појединостима. Но ја ћу се ограничити да Вашем Величанству у понизности изнесем општи утисак, да у неколико крупнијих тачака приберем главније резултате овога путовања, старајући се да краткоћа не оштети јасност и језгровитост излагања.

* * *

Ми ћемо се, овом приликом, ипак задржати само на најважнијим деловима Тодоровићевог извештаја краљу Александру Обреновићу:
Увођењем Устава од 6. априла 1901. године разорено је дело партијскога примирења, створено претходном трогодишњом владавином. Партије су опет оживеле у народу и опет почеле стицати стару снагу и углед. Нема негдашњег полета и одушевљења, али партијско интересовање опет је пробуђено. Маса народа опет се почиње живо интересовати за партије.

Бројна јачина и подела партијска остала је скоро онаква иста каква је и раније била. Огромна већина људи, који се уопште интересују за политику припада радикалима.

Напредњаци и либерали стоје према радикалима као слаби разломци – негде као четвртина и петина, а негде још и мање. Тек изретка има општина или омањих центара, где се напредњаци и либерали укупно бројно изједначују с радикалима, а у неким општинама чак су и јачи од њих. А то је велика реткост...

... Као последица свију мена и обрта, што се код нас дешавају кроз дуг низ година, у народу се изродила нека чудна политичка збуњеност и пометња.

Народ је имао своје идеале, своје погледе на друштво и државу, али све то сад се поколебало и нагло се губи, а ништа ново није дошло да га замени, и отуда онда празнине и пометња.

Ту забуну појачавају сада и свакојаки гласови, који се по народу шире о догађајима на Балкану, и о ратној спреми суседних држава. Јавља се уверење, да ће у ове смутње и сукобе неизбежно бити увучена и Србија, а у народу као да је ослабила вера у добар исход из ових сукоба.

Врло тежак утисак учинила је последња наредба о спреми ватрених сигнала, који би се имали палити за случај мобилизације.

(У почетку 1903. године, издата је била наредба, да се у свакој општини, на згодном, високом месту, истакне дугачка мотка, са великом гужвом сена или сламе, што би се имало упалити кад буде издата наредба за спремање и кретање војске – мобилизацију).

Ова политичка пометња опасан је знак и заслужује да се на њу сврати нарочита пажња. Јер, услед те пометње свет постаје врло лаковеран и готов је да прими као истину највеће лудорије и измишљотине.

Све пак ово, даје велика маха политичким шпекулантима и страним интригантима, да протурањем свакојаких измишљених гласова стварају у народу узрујаност и врло неповољно стање и расположење друштвено...

... У нас нема свестраних и сређених статистичких података, с тога је врло тешко тачно обележити: како је за 30 до 40 последњих година текао наш економски развитак и какве су управо мене настале у имовном стању нашега народа.

Ипак, већ и оно што се површним проматрањем даје запазити, показује да је наш народ, у последњој трећини прошлога столећа, знатно осиромашио и привредно оронуо. У неком правцу могао би се можда показати и приличан привредни напредак. Али укупно стање несумњиво се погоршало...

...Пре 30–40 година у селу од стотину домова није било ни десет домаћина који не би имали своје волове, а сваки је имао бар помало ситне стоке – свиња, оваца, итд.

Данас једва трећина сељака ретко да има запрегу, а добра трећина нема никакве стоке...

... Ваљаност државних службеника важно је питање у свим земљама. Али код нас у Србији његова је важност изузетна. Код нас је оно највеће и најбитније питање земаљско, без чијег се правилног решења никуда крочити не може. То долази од особитих историјских прилика, под којима се развијао наш народ, и услед многих народних особина наших, које су специјално српске и које само за нас у Србији важе.

Међутим, баш код нас у Србији, где је чиновничко питање од тако животног интереса, оно стоји да не може бити горе... Ужасно је рећи, Господару, али стање у коме се сада налазе наши чиновнички односи према народу – просто је очајно.

Јер шта може бити горе, но кад сазре уверење, да је скоро сваки чиновник подмитљив и пристрасан, да скоро нико не врши своју службу чисто по закону и дужности, већ су скоро сви огрезли или у опасно партизанство, или у просту пљачку народа који власти долази да тражи правде и помоћи.

А ми смо сасвим близу таквоме стању.

Односи чиновника и народа рђави су до зла Бога и ту се мора тражити брз и поуздан лек.

Следећи „одељак“ извештаја Тодоровић није смео да цитира, већ га је препричао, јер се бојао да би изношењем „у целини“ изазвао власти да опет забране Огледало. То је одељак у коме се говори о расположењу и осећањима народним према династији Обреновића, али се помињу и „демони српски“, који у земљи „развијају живу агитацију против династије“.

Ипак, понешто је цитирано:

„Да, Величанство, већ је створена и истакнута лозинка, да је спас Србије у збацивању с престола краља Александра и у коначном уништењу династије Обреновића. Значи, уклоните Александра и онда ће Србија процветати“.

После обављеног путовања Тодоровић је стекао уверење да је:

86

1. У своме развићу наша отаџбина дошла данас до тога ступња и на такву тачку, која се може обележити као епохалан прелом и завршетак једне историјске периоде, иза које има да наступи други, нов правац, има да дође стварање новога, сређеног унутрашњег стања Краљевине Србије.

Епоха бујног партијског живота, трвења и гложења има једном да се заврши, а после ње да настане период тиха и сталожена унутрашњег рада и напредовања. Из доба декламација, празних речи и бурне хуке партијске, има да се пређе у доба где дела говоре и где живе творевине казују шта је ко, и колико ко вреди у истини.

И овај прелом мора бити извршен у свим гранама и правцима народна живота, како на пољу политичком, тако и на пољу економском, како у погледу умном, тако и у погледу моралном.

Дакле, прелом је неопходан и неизбежан. Питање је само, како ће он бити извршен.

2. Целокупна повесница људска сведочи, да за извршење ових прелома друштвених има уопште само два пута:

– Или миран пут реформама;

– Или бурни и крвави пут преврата и револуција...

... Прилике и односи тако су заоштрени, да се Ваше Величанство налази на резу од бријачице. Расудите сами, може ли се ту седети. Једнога тренутка немате за дангубљење, јер је и сувише издангубљено.

С надом у Бога и крепком вером у лепшу будућност Српства, крените напред, Господару, и Бог ће ваше труде благословити!

Хитајте, Господару, јер дванаести час већ откуцава; један, два...

Вашем Величанству вазда
верни и дубоко одани

Пера Тодоровић

* * *

„Ево овако гласи моја последња записка, коју сам покојном краљу Александру поднео у почетку априла 1903. године.

То су били последњи радови моји, које је млади краљ прочитао!" – записује на крају Пера Тодоровић, уз следећу напомену:

„На концепту ове записке, по коме је овде и доносим, није забележен датум, али је ипак сигурно, да је записка краљу предана у првој половини априла. Тако исто, потпуно је поуздана и њена садржина иако није копија већ концепт преданог оригинала. Разлике би могло бити у каквој речи, у изразу и обрту реченице, али је суштина и садржина верна и потпуно истоветна. То ће потврдити и оригинал, који се налази у хартијама покојног краља, кад те хартије, једног дана, буду предане јавности".

КОМЕНТАТОРИ И ПРОРОЦИ

Обимно, вишеструко занимљиво, разноврсно и провокативно дело Пере Тодоровића већ деценијама је омиљено штиво новинара и књижевника Банета Јовановића. Упознавши до танчина тај огромни и особени опус, Јовановић је могао да бира између две могућности – да то и дан-данас спектакуларно и провокативно дело осветли и прикаже у виду монографије или да... Бане Јовановић се определио за ово друго – за уметничку евокацију „живота и прикљученија" Пере Тодоровића, једног од највиспренијих и најжешћих пера које смо икад у нашем новинарству и литератури имали. Јовановићева драма о том великану, а сада и овај роман, показују да је његово опредељење за литерарни изазов било врло берићетно и уметнички успешно.

Мада је као истраживач-публициста низом текстова дао знатан допринос осветљењу опуса и животописа Пере Тодоровића, што ће свакако и убудуће остати у делокругу Јовановићевом пољу рада, предност која је у овом случају дата његовој уметничкој вокацији и визури вишеструко је оправдана.

Време у коме је Тодоровић живео и писао било је крајње драматично (што је изгледа вечита судбина „брдовитог Балкана"), крцато политичким и историјским збитијима свих врста. Довољно је, као илустрацију те драматике, да поменемо само околност да је током свог недугог живота (55 година) Пера Тодоровић искусио на својој кожи шест владара наше невеселе земље Србије! Ни владари нису имали нарочиту срећу – троје су свргнути са трона крвавим смакнућем! Такво језиво обиље историјске грађе Бане Јовановић није могао да скрајне и одвоји од личности Пере Тодоровића – напротив, као што је Тодоровић био савесни хроничар и жестоки критичар свога времена, тако је и Јовановић заронио у немирне и мутне воде којима је пливао његов јунак, дочаравши нам чињенички поуздано и уметнички упечатљиво сав тај сложени конгломерат и крвави колоплет ондашњих збивања. Пред нама је тако читава наша историја у релативно кратком али свеобухватном пресеку, од догађаја у тоналитету трагике и патоса, тим нашим вечним знацима распознавања, до анегдотике и дворских трачева.

Јовановићевој литерарној евокацији није било довољно да суочи и осветли та два већ и сама по себи ванредно захвална темата – животопис једног подвижника пера и сурови контекст са којим се тај витез духа и части суочавао; његов истанчани осећај за драматургију увео је у игру и нешто треће, како би преплет догађаја и тензија читалачког доживљаја добили на интензитету. То треће чвориште заплитања и расплитања Јовановић је пронашао и изванредно уткао у своје романескно ткиво – довођењем на сцену чувених креманских пророка Тарабића. Попут лакмуса у хемији, ни пророци наиме нису само недужни индикатори – свака обелодањена тајна, а поготову пророчка реч о будућности не само што је на узбудљив начин осветљава већ је у знатној мери и усмерава! Било да се ка пророчкој визији хрли или од ње бежи, од те драме се не може умаћи.

Дар Бенета Јовановића за романескно казивање и драмску експресију осетићемо у знатној мери и самим погледом на наслове поглавља ове занимљиве и вишеструко вредне књиге: Шта још хоће од мене?! / Матеја / Милош и Митар (Тарабићи – В. Т.) / Омразе / Кошмари / Пророчанство / Ројеви / Победа / Забрана / Откривање тајне / Писма краљу...

Сваки од три слоја – тематских окосница – овог романа имао је своје високе естетске и психолошке потенцијале. То је, најпре, судбина перјанице и мученика нашег новинарства – Тодоровић је хапшен преко двадесет пута, осуђиван укупно на 27 година робије, од чега је одробијао преко пет и по година, а четири године провео у изгнанству. Имамо ли на уму да је био врхунски новинар, политичар, полемичар и књижевник (поред осталог, аутор романа *Смрт Карађорђева*), увиђамо да је био и богомдани романескни јунак. С друге стране, реч је о једној од најбурнијих епоха наше историје. Такође је изузетно атрактивну грађу нудио и пророчки дуо Тарабића – Милош и Митар. Укрстивши ове три вруће вертикале, Бане Јовановић је сачинио књигу која се чита као трилер и која ће сигурно имати широк круг читалаца.

Витомир Теофиловић

БЕЛЕШКА О АУТОРУ

Бранислав Бане Јовановић, новинар сатиричар и драмски писац.

Рођен у Новом Саду 1935. године, дипломирао на Филозофском факултету у Београду. Био: главни уредник „Јежа“, „Интервјуа“ и Телевизије Политика и заменик главног уредника „Политике“ и „Политике експрес“.

Објавио књиге сатира: *Види излаз, па уђи* (1979). *Post scriptum* (1995) и *Мрак на сунце* (1977).

На „Кругу 101“ Народног позоришта у Београду игране му представе: *Диња пукла* (1980) и *Последња ноћ* (1982). Припремљена драма *Банкет Пере Тодоровића*. Штампани му сценски сатирикони *Види излаз, па уђи* и *Пуне уши песка, а пекар иза врата*.

Награђен интернационалном наградом московског „Крокодила“ (1974), годишњом наградом „Политике“ (1977), наградом УКС „Радоје Домановић“ (1996) и наградом „Пера Тодоровић“ (1997).

Пера Тодоровић, као студент, са мајком Смиљаном
и оцем Јованом

(Из заоставштине породице Тодоровић)

САДРЖАЈ

Бане Јовановић

ПЕРА ТОДОРОВИЋ
трагом креманских пророка

*

Главни уредник
ЈОВИЦА АЋИН

*

Лектор
МИРОСЛАВА СТОЈКОВИЋ

*

Коректор
НАДА ГАЈИЋ

*

И. П. РАД, д. д.
Београд, Дечанска 12

*

За издавача
ЗОРАН ВУЧИЋ

*

Припрема текста
Графички студио РАД

*

Штампа
Зухра, Београд

Шшамйање књиѓе йомоѓли су

Др Мићо Ђуричић
сйецијалисша йласшичне хирурѓије, Београд

Слободан Илић
ѓрађевински йредузешник, Богатић

CIP – Каталогизација у публикацији
Народна библиотека Србије, Београд

886.1-94

ЈОВАНОВИЋ, Бане
    Пера Тодоровић : трагом креманских пророка
/ Бане Јовановић. – Београд : Рад, 1998 (Београд :
Зухра). – 99 стр. : илустр. ; 21 cm

Стр. 89–91: Коментатори и пророци / Витомир
Теофиловић. – Белешка о аутору: стр. 93.

ISBN 86-09-00546-1

а) Тодоровић Пера (1852–1907) – у литератури
ИД=60449804